ARRENDAMENTO PARA HABITAÇÃO

REGIME TRANSITÓRIO

FERNANDO DE GRAVATO MORAIS
DOUTOR EM DIREITO
PROFESSOR DA ESCOLA DE DIREITO DA UNIVERSIDADE DO MINHO

ARRENDAMENTO PARA HABITAÇÃO

REGIME TRANSITÓRIO

ARRENDAMENTO PARA HABITAÇÃO
REGIME TRANSITÓRIO

AUTOR
FERNANDO DE GRAVATO MRORAIS

EDITOR
EDIÇÕES ALMEDINA, SA
Avenida Fernão de Magalhães, n.º 584, 5.º Andar
3000-174 Coimbra
Tel.: 239 851 904
Fax: 239 851 901
www.almedina.net
editora@almedina.net

PRÉ-IMPRESSÃO • IMPRESSÃO • ACABAMENTO
G.C. – GRÁFICA DE COIMBRA, LDA.
Palheira – Assafarge
3001-453 Coimbra
producao@graficadecoimbra.pt

Maio, 2007

DEPÓSITO LEGAL
260028/07

Os dados e as opiniões inseridos na presente publicação
são da exclusiva responsabilidade do(s) seu(s) autor(es).

Toda a reprodução desta obra, por fotocópia ou outro qualquer processo,
sem prévia autorização escrita do Editor,
é ilícita e passível de procedimento judicial contra o infractor.

A entrada em vigor do Novo Regime do Arrendamento Urbano e a posterior publicação de diplomas complementares suscita, do ponto de vista doutrinário, duas grandes análises: a de conhecer as regras dos novos contratos e a de determinar as regras dos contratos antigos.

É esta última temática – a das normas transitórias – que, no quadro do arrendamento para habitação, nos propomos examinar.

Este estudo procura de modo sistematizado e amplo dar a conhecer a disciplina actual dos contratos celebrados no passado (em especial, os de cariz vinculista).

Para além de outras questões que abordamos, cabe realçar os seguintes assuntos: a denúncia (imotivada e justificada, nas suas várias modalidades) pelo senhorio; a transmissão da posição de locatário por morte; a actualização extraordinária da renda; a compensação pelas obras atribuída ao locatário; e a possibilidade de o inquilino fazer obras e até, verificados requisitos mais exigentes, de adquirir o prédio.

ABREVIATURAS

Ac.	Acórdão
art.	artigo
BMJ	Boletim do Ministério da Justiça
CAM	Comissão Arbitral Municipal
CC	Código Civil
CE	Código das Expropriações
CIS	Código do Imposto de Selo
cit.	citado
CJ	Colectânea de Jurisprudência
CN	Código do Notariado
CPC	Código de Processo Civil
CT	Código do Trabalho
DJ	Direito e Justiça
DL	Decreto-Lei
Ed.	Edição
esp.	especialmente
INH	Instituto Nacional da Habitação
org.	organizado (editado) por
p. (pp.)	página (s)
RAB	Rendimento anual bruto
RABC	Rendimento anual bruto corrigido
RAU	Regime do Arrendamento Urbano
RDE	Revista de Direito e Economia
RDES	Revista de Direito e de Estudos Sociais
reimp.	Reimpressão
Rel.	Relação
RLJ	Revista de Legislação e de Jurisprudência
RMMG	Retribuição mínima mensal garantida
RMNA	Retribuição mínima nacional anual
RNAU	Regime dos Novos Arrendamentos Urbanos
RNPC	Registo Nacional das Pessoas Colectivas

ROA	Revista da Ordem dos Advogados
RTNRAU	Regime de Transição para o Novo Regime do Arrendamento Urbano
SI	*Scientia Ivridica*
STJ	Supremo Tribunal de Justiça
v.g.	*verbi gratia*
Vol.	Volume

PLANO

CAPÍTULO PRIMEIRO
Arrendamentos do pretérito e a reforma

SECÇÃO PRIMEIRA
O arrendamento habitacional do passado: enquadramento

§ 1. Os modelos do passado
§ 2. O vinculismo e as suas facetas
    1. O vinculismo de grau máximo no anterior regime
        1.1. Prorrogação imperativa do contrato em relação ao senhorio
        1.2. Transmissão da posição contratual de arrendatário
        1.3. Regimes de renda e actualização da renda
            1.3.1. A situação vigente antes do RAU
            1.3.2. O quadro posterior ao RAU
            1.3.3. Considerações breves
        1.4. Restrições impostas ao senhorio no âmbito da cessação do contrato
        1.5. Outros mecanismos protectores
    2. O vinculismo de grau reduzido no anterior regime
        2.1. A prorrogação automática (mas não imperativa) do contrato
        2.2. Outras hipóteses em que se verifica a diminuição da tutela do arrendatário

SECÇÃO SEGUNDA
A reforma e os modelos do direito transitório habitacional

§ 1. A necessidade de uma reforma
    1. Considerações gerais
    2. A identificação dos problemas
    3. Os contornos do regime de transição para a nova disciplina
§ 2. Sub-modelos de transição para o novo regime
    1. O anteprojecto RNAU
    2. O anteprojecto NRAU
    3. A versão final

3.1. Arrendamento para habitação
3.2. Arrendamento não habitacional
4. Breve apreciação genérica

CAPÍTULO SEGUNDO
Arrendamento habitacional "sem duração limitada"

SECÇÃO PRIMEIRA
Sujeição ao NRAU

§ 1. O significado da sujeição ao NRAU dos contratos do passado
  1. A substituição das regras
  2. Os efeitos da substituição das regras
    2.1. A aplicação das *novas* regras
      2.1.1. Os parâmetros da resolução
      2.1.2. A denúncia pelo arrendatário
      2.1.3. As comunicações entre as partes
      2.1.4. A criação de títulos executivos extrajudiciais
    2.2. O emprego das normas actuais idênticas às do passado
    2.3. A *manutenção* das regras do pretérito
  3. O carácter bifronte dos regimes transitórios

SECÇÃO SEGUNDA
Regime transitório geral aplicável a qualquer contrato vinculistíco

§ 1. Denúncia do contrato pelo senhorio
  1. Denúncia imotivada
    1.1. A protecção do arrendatário habitacional
    1.2. A transferência entre vivos da posição arrendatícia
      1.2.1. A protecção do *cônjuge do arrendatário*
      1.2.2. A protecção daquele que vive em união de facto com o arrendatário
  2. Denúncia motivada
    2.1. Admissibilidade; tipologia
    2.2. Denúncia para habitação pelo senhorio ou para habitação dos seus descendentes em 1.º grau
      2.2.1. Requisitos da denúncia
        a) Substanciais
        b) Processual
        c) Temporais
        d) Indemnizatório
        e) Pós-contratuais
      2.2.2. Oponibilidade ao exercício do direito de denúncia
        a) Oponibilidade pelo arrendatário

            b) Oponibilidade pelo cônjuge arrendatário
            c) Oponibilidade pelo unido de facto
        2.2.3. Casos omissos
§ 2. Transmissão da posição contratual por morte do arrendatário
    1. A transmissibilidade como regra
        1.1. A opção legislativa
        1.2. A transferência do ponto de vista do arrendatário
        1.3. Os beneficiários da transmissão
            1.3.1. A hierarquia em geral
            1.3.2. A hierarquia em especial
                a) Cônjuge
                b) A pessoa que vive em união de facto
                    i) A união de facto
                    ii) O prazo; a residência no locado
                c) Ascendente
                d) O filho ou o enteado
                e) O filho ou o enteado (cont.)
        1.4. Modos de transmissão
            1.4.1. Transmissão vertical
                a) Os critérios
                b) O problema da prioridade filho/enteado
            1.4.2. Transmissão horizontal
                a) O concurso de sujeitos ao mesmo nível
                b) O problema da prioridade filho/enteado
            1.4.3. Transmissão sucessiva
                a) Transmissão entre ascendentes
                b) Transmissão a favor dos filhos ou dos enteados
        1.5. O direito dos potenciais transmissários a habitar o locado
        1.6. A renúncia ulterior do novo arrendatário e o problema da transmissão
        1.7. Comunicação ao senhorio da transmissão
            1.7.1. O dever de comunicação
            1.7.2. A renúncia à transmissão
            1.7.3. Conflito quanto à pessoa do transmissário
            1.7.4. A transmissão sucessiva
    2. Sujeitos excluídos da transmissão
    3. Consequências da transmissão do arrendamento por morte
        3.1. Impossibilidade de denúncia imotivada pelo senhorio
        3.2. Invocação pelo arrendatário de impedimentos à denúncia motivada

SECÇÃO TERCEIRA

Regime transitório geral:
os contratos vinculísticos anteriores ao RAU

§ 1. Actualização das rendas
    1. Âmbito

2. Limite máximo da actualização
3. Requisitos
   3.1. Materiais
      3.1.1. A avaliação fiscal do locado
      3.1.2. O nível (mínimo) de conservação
   3.2. Procedimentais
      3.2.1. Procedimento comum
         a) Legitimidade activa; as CAM
         b) Modo de determinação do nível de conservação
         c) Validade da declaração que determina o nível, o estado e o coeficiente de conservação
      3.2.2. Procedimento específico
   3.3. Formais
   3.4. Os modelos do faseamento diferido
      3.4.1. Faseamento regra
      3.4.2. Faseamento curto
         a) O elevado rendimento do agregado familiar
         b) Falta de residência permanente
      3.4.3. Faseamento longo
         a) O baixo rendimento do agregado familiar
         b) A idade avançada do arrendatário
         c) A deficiência grave do inquilino
   3.5. Respostas do arrendatário
   3.6. A nova renda resultante da actualização
      3.6.1. Momento em que é devida
         a) Regime geral
         b) Regime especial
      3.6.2. Actualizações (extraordinárias) subsequentes
   3.7. O gradualismo na actualização da renda
      3.7.1. O gradualismo no faseamento regra
      3.7.2. O gradualismo no faseamento máximo
      3.7.3. O gradualismo no faseamento curto
   3.8. Subsídio de renda
      3.8.1. Pressupostos da concessão
      3.8.2. Impedimentos à concessão de subsídio
      3.8.3. Procedimento
      3.8.4. Montante do subsídio
   3.9. Alteração das circunstâncias
      3.9.1. Alteração das circunstâncias do agregado familiar do arrendatário
         a) A variação do rendimento do agregado familiar
         b) Outras circunstâncias
      3.9.2. Alteração das circunstâncias provocada por morte do inquilino
      3.9.3. Alteração das circunstâncias provocada por transmissão entre vivos da posição arrendatícia

3.9.4. As regras da transição para o novo regime de faseamento
3.10. Direito do arrendatário à realização de obras de conservação
§ 2. Compensação por obras realizadas pelo arrendatário
   1. Nota introdutória
   2. Regime geral
      2.1. A cessação do contrato
      2.2. A legitimidade activa do arrendatário
      2.3. A licitude das obras
      2.4. Tipos de obras
      2.5. Efeitos
   3. Regime especial

SECÇÃO QUARTA

Regime transitório especial:
os contratos vinculísticos anteriores ao RAU

I – Iniciativa do senhorio
§ 1. Denúncia para demolição do prédio
   1. Âmbito e alcance do direito de denúncia
   2. Pressupostos da denúncia
      2.1. Material
      2.2. Procedimental
   3. Direitos do arrendatário
      3.1. Direito ao realojamento
         3.1.1. Seus termos
         3.1.2. O realojamento do ponto de vista do senhorio
         3.1.3. A renda e o faseamento aplicável
         3.1.4. A morte do arrendatário
            a) Caducidade do contrato
            b) Obrigação de restituição do imóvel
      3.2. Direito a indemnização
   4. Trâmites processuais
   5. Apreciação crítica
§ 2. Obras de remodelação ou de restauro profundos
   1. Caracterização
   2. O direito de escolha do senhorio como regra; seus desvios
      2.1. Suspensão do contrato
         2.1.1. Forma e menções essenciais
         2.1.2. Resposta do arrendatário
         2.1.3. A reocupação do locado no fim das obras
      2.2. Denúncia para realização de obras de remodelação ou de restauro profundos
II – Iniciativa do arrendatário
§ 1. Realização de obras no locado pelo arrendatário
   1. As várias fases conducentes à execução de obras de conservação

1.1. Requisitos *negativos*
1.2. Outros requisitos: a intimação do senhorio para obras
1.3. Os possíveis procedimentos em ordem à realização das obras pelo arrendatário
1.4. O direito de escolha do arrendatário
2. Obras a efectuar pelo arrendatário
    2.1. Destinatários, forma e conteúdo da comunicação da intenção de início das obras
    2.2. Limitação do âmbito de actuação do arrendatário
3. Obras realizadas pelo arrendatário
    3.1. Compensação
        3.1.1. Os valores a ter em conta
        3.1.2. O período da compensação
        3.1.3. Cessação do contrato
§ 2. Aquisição do prédio pelo arrendatário
1. Requisitos
2. O exercício do direito de aquisição
    2.1. A acção de aquisição
        2.1.1. Legitimidade e requisitos
        2.1.2. Tramitação
        2.1.3. A decisão judicial
            a) Transmissão da propriedade
            b) *Referência* aos deveres de reabilitação e de manutenção do prédio
    2.2. Deveres e faculdades legais pós-aquisição
        2.2.1. Dever de reabilitação do imóvel
        2.2.2. Faculdade de realização de obras que visem um estado de conservação superior
        2.2.3. Dever de manutenção do imóvel
        2.2.4. Transmissão do prédio
3. Direito de reversão do anterior proprietário
    3.1. Seus contornos
    3.2. Extensão do direito de reversão
    3.3. Condições da reaquisição
4. Alcance da aquisição
    4.1. A aquisição das fracções autónomas necessárias à realização da obra
        4.1.1. Condições específicas
        4.1.2. Exercício do direito
        4.1.3. Outros impedimentos à aquisição pelo arrendatário das outras fracções autónomas
    4.2. A aquisição da totalidade do prédio não constituído em propriedade horizontal
    4.3. Aquisição de outras fracções arrendadas
        4.3.1. Legitimidade passiva
        4.3.2. Os titulares e os arrendatários das outras fracções
        4.3.3. Manutenção dos outros arrendamentos e actualização da renda
    4.4. Direito de preferência dos anteriores proprietários do prédio ou da fracção autónoma

CAPÍTULO TERCEIRO
Arrendamento habitacional de duração limitada

§ 1. Regime transitório simplificado
§ 2. Sujeição ao NRAU
§ 3. *Especificidades*
   1. Prorrogação automática do contrato
   2. *Denúncia* por qualquer das partes
      2.1. A adequação dos conceitos
      2.2. Denúncia pelo arrendatário
      2.3. Oposição à prorrogação
      2.4. Comunicações
   3. O prazo do contrato em caso de prorrogação automática
   4. O fim do prazo da prorrogação
   5. Transmissão da posição contratual por morte do arrendatário

CAPÍTULO PRIMEIRO
Arrendamentos do pretérito e a reforma

SECÇÃO PRIMEIRA
O arrendamento habitacional do passado: enquadramento

§ 1. Os modelos do passado. § 2. O vinculismo e as suas facetas. 1. O vinculismo de grau máximo no anterior regime. 1.1. Prorrogação imperativa do contrato em relação ao senhorio. 1.2. Transmissão da posição contratual de arrendatário. 1.3. Regimes de renda e actualização da renda. 1.3.1. A situação vigente antes do RAU. 1.3.2. O quadro posterior ao RAU. 1.3.3. Considerações breves. 1.4. Restrições impostas ao senhorio no âmbito da cessação do contrato. 1.5. Outros mecanismos protectores. 2. O vinculismo de grau reduzido no anterior regime. 2.1. A prorrogação automática (mas não imperativa) do contrato. 2.2. Outras hipóteses em que se verifica a diminuição da tutela do arrendatário.

§ 1. OS MODELOS DO PASSADO

Na história legislativa do arrendamento habitacional devem realçar--se duas fases no tocante ao tipo de contratos a concluir (tendo por referência o seu prazo de duração), o que afectou necessariamente todo o regime:

– num primeiro momento, os negócios em causa, independentemente do período inicial pelo qual fossem celebrados (6 meses, 1 ano, 5 anos ou 10 anos), estavam sujeitos a uma disciplina vinculista de grau máximo;

– numa segunda fase, facultou-se, alternativamente, a realização de contratos de outro tipo (designados de "duração limitada" – cfr. a epígrafe da subsecção I da secção VI do RAU, em especial os arts. 98.º ss.), ampliando-se as modalidades de arrendamento quanto ao prazo, sendo que o vinculismo consagrado é de grau reduzido[1]

Considerando então o fim dos contratos, cabe afirmar que o início da viragem da política legislativa, na tentativa de atenuar as regras protectoras de uma das partes (o inquilino) até então vigentes, foi operada pelo DL 321-B/90, de 15 de Outubro. A partir daí os arrendamentos habitacionais podiam revestir duas modalidades.

Foram, portanto, estes que lideraram os ventos da mudança, com a entrada em vigor do Regime do Arrendamento Urbano, já que em sede não habitacional o caminho opcional só foi permitido aproximadamente meia década mais tarde, com o DL 257/95, de 31 de Setembro.

Mas as alterações não se reduzem à introdução de uma nova especificidade contratual quanto ao prazo. Outros mecanismos de tutela do inquilino caem por outra via, como teremos oportunidade de salientar.

§ 2. O VINCULISMO E AS SUAS FACETAS

Dito isto, e tendo em conta a constante alusão no passado ao termo "vinculismo", impõe-se uma breve explicação quanto ao seu significado, sem se descurar a questão de saber em que medida essa faceta se reduziu com a entrada em vigor do RAU.

---

[1] Sem prejuízo de outras modalidades contratuais. Os arrendamentos para habitação não permanente em praias, em termos ou noutros lugares de vilegiatura, ou para outros fins transitórios (cfr. o revogado art. 5.º, n.º 2, al. b) RAU), assim como os arrendamentos de casa habitada pelo senhorio, por período correspondente à ausência temporária deste (cfr. o anterior art. 5.º, n.º 2, al. c) RAU) estão sujeitos a uma disciplina diversa.

1. O vinculismo de grau máximo no anterior regime

Desde há muito tempo que se usa na doutrina e na jurisprudência, com muita frequência, o mencionado vocábulo para aludir aos contratos do passado.

Estão aqui em causa um conjunto de regras, da mais variada índole, que tutelam o inquilino perante o senhorio.

Por circunstâncias várias, entendeu-se em determinada altura que o locatário (habitacional ou não) merecia uma protecção específica – mais ou menos lata – em detrimento do direito de propriedade do locador do imóvel[2].

Enunciemos, pois, alguns aspectos da disciplina anterior que justificam o qualificativo empregue.

1.1. *Prorrogação imperativa do contrato em relação ao senhorio*

A principal manifestação vinculista do arrendamento habitacional resulta da regra da prorrogação[3] forçada ou imperativa do contrato em

---

[2] Quanto ao vinculismo, ver, entre outros, MENEZES CORDEIRO, "O novo regime do arrendamento urbano", O Direito, 2004, II, pp. 319 ss. (o autor refere que, por força de tal disciplina, "os proprietários deixam de o ser, em termos plenos. Não investem, não melhoram, não transaccionam"; conclui mesmo "que o vinculismo congela os bens"), PINTO FURTADO, Manual do arrendamento urbano, 3ª Ed. Revista e Actualizada, Coimbra, 2001, pp. 147 ss., em esp. pp. 193 ss. (o jurista dedica, de resto, extensas páginas na explicação do cariz vinculista dos contratos antigos).

[3] A lei referia-se – e assim se continua a dispor no quadro do NRAU – quase sempre à "renovação" (vejam-se, por exemplo, os arts. 100.º e 118.º RAU; ao invés, o art. 655.º CC – agora revogado – usava as duas expressões).

Ora, como observa ROBERTO BALDI, "a renovação do contrato é coisa diversa da prorrogação: contrato renovado é um contrato novo que se estipula, tendo cessado o precedente, mas que tem o mesmo conteúdo, sendo que no caso da prorrogação é o contrato originário que vale, mas relativamente ao qual as partes estenderam a sua duração" (Il contratto di agenzia, 5ª Ed., Milano, 1992, p. 230).

A situação descrita parece aproximar-se mais da prorrogação. Cfr., neste sentido, PINTO FURTADO, Manual do Arrendamento Urbano, cit., p. 706, nota 15, e JANUÁRIO GOMES, Arrendamentos Comerciais, 2ª Ed. Remodelada (reimp.), Coimbra, 1993, pp. 284 e 285, GRAVATO MORAIS, Alienação e oneração de estabelecimento comercial, Coimbra, 2004, p. 36, em especial a nota 50, e Novo regime do arrendamento comercial, Coimbra, 2006, p. 24, nota 7.

relação ao senhorio. Quer isto dizer que, em princípio, o locador não pode extinguir o negócio para o fim do prazo (ao invés do que sucede com o arrendatário), estando sujeito à sua continuidade, sem limite temporal (art. 68.º, n.º 2 RAU).

Ora, esta imposição legal acaba por transformar um contrato temporário num contrato tendencialmente perpétuo. O cumprimento do negócio pelo inquilino impede que o senhorio o faça cessar. Apenas em dados casos se permitia circunstancialmente a este a "denúncia motivada" do contrato, que estava, de resto, subordinada a requisitos exigentes e rigorosos (arts. 69.º, 70.º e 71.º RAU).

1.2. Transmissão da posição contratual de arrendatário

Mas esta expressão do vinculismo – sem dúvida, o seu motor – repercutia-se igualmente ao nível da transferência da situação contratual, com o novo inquilino a beneficiar da exacta tutela do transmitente em relação ao senhorio.

Vejamos os moldes dessa cessão em sede habitacional: em vida e por morte.

Embora a regra fosse a da incomunicabilidade do arrendamento (art. 83.º RAU), atendendo ao seu carácter pessoal[4], consagravam-se hipóteses em que a *cessão* da posição de arrendatário era admissível.

O art. 84.º RAU dispunha sobre tais situações em caso de divórcio ou de separação judicial de pessoas e bens. Há interesses do outro cônjuge (não arrendatário) – extensíveis ao unido de facto – que devem ser salvaguardados, de modo a que não fique inteiramente desprotegido e sem local para habitar. Seja por acordo entre os cônjuges, seja por decisão do tribunal na falta daquele, a *cessão* era absoluta, mantendo-se o contrato intocado. O novo arrendatário sucedia na posição do anterior inquilino nos mesmos e exactos termos (art. 84.º RAU)[5].

---

[4] Na origem desta solução estiveram os arts. 44.º e 45.º da Lei n.º 2030, de 22 de Junho de 1948, cujos princípios foram transpostos para o Código Civil e depois para o RAU.

[5] Cfr., sobre o tema, Pinto Furtado, Arrendamentos para habitação, Coimbra, 1994, pp. 151 ss.

Regulava-se ainda – de modo mais extenso e complexo –, a transmissibilidade por morte do primitivo arrendatário ou daquele a quem tenha sido cedida a sua posição contratual. Estabelecia-se uma hierarquia de pessoas (desde o cônjuge não separado judicialmente de pessoas e bens ou não separado de facto, passando pelo descendente, pelo ascendente e até pelo afim na linha recta, terminando nas pessoas que com ele vivessem em economia comum há mais de 2 anos) que podiam suceder naquela situação jurídica (art. 85.º RAU). Portanto, nas hipóteses descritas o contrato não caduca[6].

Esta regra comportava excepções.

Por um lado, se o titular do direito tivesse residência "nas comarcas de Lisboa ou do Porto e zonas limítrofes, ou na respectiva localidade quanto ao resto do país, à data da morte do primitivo arrendatário" fracassava a possibilidade de transmissão (art. 86.º RAU).

Por outro, sempre que houvesse cessão da posição contratual para pessoas em determinadas circunstâncias (por exemplo, os descendentes com mais de 26 anos de idade e menos de 65) – cfr. o art. 87.º, n.ºs 1, 2, 3 e 4 RAU –, ela não se realizava nos mesmos moldes. Previa-se, porém, a modificação do regime de renda. Este passava a ser o condicional, conquanto nunca pudesse ser inferior à renda anteriormente praticada (art. 87.º RAU)[7]. Em alternativa à aplicação desta disciplina, o senhorio podia "optar pela denúncia do contrato, pagando uma indemnização correspondente a 10 anos de renda, sem prejuízo dos direitos do arrendatário a indemnização por benfeitorias e de retenção nos termos gerais" (art. 89.º-A RAU). Esta denúncia, que tinha que ser feita nos 30 dias posteriores à morte do arrendatário ou do cônjuge sobrevivo, era susceptível de oposição pelo inquilino, desde que este propusesse uma nova renda. Depois destes procedimentos atribuía-se em definitivo ao

---

[6] Ver ainda o art. 1111.º CC, texto primitivo, e subsequentes alterações ocorridas em 1977, 1981 e 1985.

Cfr., sobre o assunto, PINTO FURTADO, Arrendamentos para habitação, cit., pp. 161 ss.

[7] Como expressava o art. 79.º, n.º 1 RAU "no regime de renda condicionada, a renda inicial do primeiro ou dos novos arrendamentos resulta da livre negociação entre as partes, não podendo, no entanto, exceder por mês o duodécimo do produto resultante da aplicação da taxa das rendas condicionadas ao valor actualizado do fogo, no ano da celebração do contrato". O seu n.º 2 estabelecia, por sua vez, que a taxa das rendas condicionadas resultava de Portaria conjunta dos Ministros das Finanças e das Obras Públicas, Transportes e Comunicações.

senhorio um direito de escolha: ou mantinha o contrato com a nova renda proposta ou extinguia-o, sendo que a indemnização seria calculada nos termos da renda proposta (art. 89.º-B RAU)[8].

Ainda quanto ao decesso do locatário, impõe-se fazer referência ao art. 90.º RAU. Se o n.º 1, al. a) do citado preceito tinha sido tacitamente revogado pelo art. 85.º, n.º 1, al. f), essa alínea continua a empregar-se quanto ao arrendatário subsequente, pois a lei não aludia ao primitivo. De todo o modo, o que importa relevar é a transformação *ex lege* do contrato. Perde o seu cariz vinculista passando a ter "duração limitada". Para além disso, ao primeiro arrendamento aplica-se o regime de renda condicionada (art. 92.º RAU). Note-se que se mostrava possível, em determinadas circunstâncias, a recusa pelo senhorio do novo arrendamento (art. 93.º RAU).

Pode concluir-se que era multifacetada a disciplina da transmissão por morte. Se, à partida, parecia manter-se imutável o elemento vinculista nuclear, determinavam-se alguns modos de atenuar ou de superar tal vertente.

1.3. *Regimes de renda e actualização da renda*

1.3.1. *A situação vigente antes do RAU*

Num outro âmbito, realce-se que a protecção do locatário se consubstanciou, por várias décadas, nas dificuldades impostas ao senhorio quanto à fixação inicial da renda e à sua actualização.

Vejamos, em particular, o quadro legislativo no último quartel do século passado em sede habitacional para se perceber melhor os contornos da problemática.

O art. 1.º DL 445/75, de 12 de Setembro, determinou a suspensão das avaliações fiscais para efeito da actualização das rendas habitacionais ao país inteiro. O resultado desta solução traduziu-se no congelamento das rendas quanto a todos os contratos de arrendamento para habitação. Se esta medida, pode dizer-se, tinha já a sua base na Lei n.º 2030, de 22

---

[8] Ver ainda o revogado art. 89.º-C RAU, que estabelecia os trâmites dos pagamentos e os aspectos relativos à restituição do locado, e o art. 89.º-D RAU, que determinava a caducidade do respectivo direito pelo decurso dos prazos.

de Junho de 1948, ela agravou-se substancialmente por via da inflação desmesuradamente crescente que se fazia sentir no período subsequente ao dia 25 de Abril de 1974.

Por sua vez, o DL 148/81, de 4 de Junho, referente aos arrendamentos para habitação, intervinha ao nível dos regimes de renda, opondo a renda livre à renda condicionada. Naquele caso, atenta a não limitação quanto à sua fixação inicial, impedia-se o senhorio de exigir uma actualização de renda, congelando-a para o futuro. Neste, a determinação originária da renda mensal estava limitada ao duodécimo do produto da taxa de 7% sobre o valor do imóvel (art. 3.º DL 148/81), embora fosse susceptível de actualização anual em função de um coeficiente (arts. 7.º e 8.º DL 148/81).

É para fazer face a este quadro que surge a Lei 46/85, de 20 de Setembro. Aí surge uma nova classificação dos regimes de renda: livre, condicionada e apoiada (art. 1.º Lei 46/85), que foi de resto transposta para o RAU. A primeira é estipulada por livre negociação. A segunda resulta igualmente de negociação, mas estabelecem-se limites por referência ao valor actualizado do imóvel. A última está dependente de um subsídio de renda.

Independentemente da disciplina aplicável, acolhe-se, nesse diploma, o princípio da actualização anual da renda, nos termos e com os efeitos próximos aos vigentes no RAU e agora na disciplina supletiva do NRAU.

Para além disso, consagrava-se um regime transitório de actualização para os contratos antigos sujeitos ao regime da renda condicionada (art. 8.º Lei 46/85) e um mecanismo de correcção extraordinária das rendas quanto aos contratos celebrados após determinada data (cfr. arts. 11.º a 15.º Lei 46/85).

1.3.2. O quadro posterior ao RAU

Aos arrendamentos habitacionais vinculísticos realizados no quadro do RAU empregam-se os arts. 77.º ss.

As modalidades de regimes de renda (livre, art. 78.º, condicionada, art. 79.º – que nalguns casos é obrigatória, e art. 81.º –, e apoiada, art. 82.º, todos do RAU) e as suas principais características são, no essencial, as já vigentes, de acordo com os diplomas citados.

Quanto à fixação do quantitativo de renda, as soluções não são semelhantes. A liberdade é total na renda livre. Tratando-se de renda condicionada, apesar da regra da livre negociação quanto à soma inicial ("ou dos novos arrendamentos"), prevê-se um limite máximo. Assim, tal importância não pode "exceder por mês o duodécimo do produto resultante da aplicação da taxa das rendas condicionadas ao valor actualizado do fogo, no ano da celebração do contrato"[9].

No tocante à respectiva actualização, a sua disciplina é resumidamente a seguinte:

– no quadro da renda livre, as partes podem, em qualquer momento, convencionar, sem restrições o regime de actualização;
– no âmbito da renda condicionada, cabe destacar a possibilidade de o senhorio, para o termo do prazo do contrato ou da sua prorrogação, promover uma "actualização obrigatória da renda", nos termos do art. 81.º-A (introduzido pelo DL 278/93, de 10 de Agosto, e ratificado pela Lei 13/94, de 11 de Maio).

1.3.3. Considerações breves

Como se constata, houve uma evolução positiva, que teve a sua origem na Lei 46/85. A partir daí, mas essencialmente desde a entrada em vigor do RAU, o regime de rendas tornou-se mais flexível. Aliás, com o RAU a disciplina tornou-se válida para qualquer tipo de contrato (sem ou com duração limitada). Porém, permanecem resquícios de uma tutela do arrendatário quanto aos contratos concluídos após 15 de Novembro de 1990, sendo que nalguns deles, os muito antigos, são visíveis muitos desequilíbrios em detrimento do senhorio.

Saliente-se, por fim, que os arts. 77.º a 82.º RAU, até à publicação de novas regras sobre o tema, se mantêm em vigor, por força do art. 62.º NRAU.

---

[9] De notar que o valor percentual da taxa das rendas condicionadas está fixado em 8%, por efeito da remissão do art. 79.º, n.º 2 RAU, pela Portaria 1232/91, de 28 de Dezembro de 1990.

1.4. *Restrições impostas ao senhorio no âmbito da cessação do contrato*

A protecção conferida ao arrendatário era igualmente notada nas restrições impostas ao senhorio para fazer cessar o contrato. Atentemos nas duas figuras mais determinantes: a resolução e a denúncia.

Por um lado, mostrava-se necessário – ao contrário do que sucedia com o inquilino – o recurso à via judicial (acção de despejo) para extinguir o negócio arrendatício, com todas as desvantagens que tal procedimento acarretava (não só em termos da sua longa duração, como também no tocante aos seus custos) – art. 63.º, n.º 2 RAU e art. 68.º RAU.

Acresce que os fundamentos resolutivos se encontravam tipificados no art. 64.º, n.º 1 RAU, que espelhava o anterior regime do art. 1093.º CC. O senhorio via assim circunscrito o seu modo de actuar, pois o termo do contrato só se podia basear num (ou em vários) desses motivos. Relativamente a outros tipos de incumprimento que, nos termos gerais, pudessem conduzir à cessação do negócio, o locador apenas podia fazer valer um direito de indemnização, o que era manifestamente pouco.

Assinale-se, por último, que a denúncia motivada (pelo senhorio) estava sujeita a pressupostos muito exigentes e apertados (arts. 69.º ss. RAU). A protecção que daí advinha para o arrendatário era, nalguns casos, muito mais intensa, já que a pretensão do locador caía quando existissem impedimentos ao exercício do direito de denúncia (ou seja, nos termos dos requisitos não cumulativos ínsitos no art. 107.º RAU), que tinham todavia um âmbito de aplicação limitado a algumas alíneas (art. 69.º, n.º 1, als. a) e b) RAU).

1.5. *Outros mecanismos protectores*

Há outras medidas que visam a protecção do inquilino habitacional e que expressam, por isso, elementos vinculistas. Enunciemos algumas delas:
- a atribuição de um direito de preferência ao arrendatário habitacional na venda ou na dação em cumprimento do imóvel arrendado pelo senhorio há mais de um ano (art. 47.º, n.º 1 RAU);
- o diferimento (temporalmente limitado) da desocupação do prédio arrendado por razões sociais imperiosas (arts. 102.º ss. RAU);

– a exibição do recibo de renda pelo locatário era susceptível de convalidar o contrato de arrendamento habitacional nulo por falta de redução a escrito (art. 7.º, n.ºs 1 e 3, versão originária do RAU e art. 7.º, n.º 2, de acordo com a redacção dada pelo DL 64-A/ /2000, de 22 de Abril), de cariz vinculista ou não.

2. O vinculismo de grau reduzido no anterior regime

Como mencionámos, a partir da entrada em vigor do RAU – mais precisamente em 15 de Novembro de 1990 –, a par dos arrendamentos "sem duração limitada", permitiu-se a celebração de contratos de arrendamento de "duração limitada".

Opera-se então uma modificação substancial em face da anterior disciplina. Explicitemos os seus contornos.

2.1. *A prorrogação automática (mas não imperativa) do contrato*

No quadro agora em análise, previa-se que os contratos deste tipo deviam observar um prazo inicial mínimo de duração de cinco anos (art. 98.º, n.º 2 RAU), desde que a "respectiva cláusula [fosse] inserida no texto escrito do contrato, assinado pelas partes" (art. 98.º, n.º 1 RAU).

Se qualquer das partes – em especial o senhorio – não fizesse cessar o negócio para o seu termo, havia lugar à sua prorrogação automática por períodos mínimos de 3 anos, se outro não estivesse especialmente convencionado (art. 100.º, n.º 1 RAU).

Permitia-se, desta sorte, que o senhorio pusesse termo ao contrato para o fim do prazo, embora se exigisse a sua efectivação por notificação judicial avulsa com um dado tempo de antecedência (um ano, nos termos do n.º 2 do art. 100.º RAU)[10].

Como se constata, o principal esteio de protecção do inquilino cai (nos negócios deste último tipo), em virtude de o locador não estar mais vinculado à prorrogação do contrato.

---

[10] O art. 100.º, n.º 1, tal como o n.º 2, referiam-se à "denúncia" do contrato pelas partes.
Ver *infra* CAP. III, § 2, 2.

De todo o modo, ainda assim o arrendatário beneficia de alguma tutela, pelo menos à partida, a qual se reduz posteriormente depois da primeira prorrogação. O prazo *legal de protecção do locatário habitacional* de 5 anos representa efectivamente um período lato (que poderia até ser estendido caso se convencionasse um prazo superior). Já a consagração de um período (legal mínimo) de 3 anos após a primeira prorrogação é meramente fictício, atento o facto de o senhorio sempre poder extinguir o contrato para o termo do primeiro período. Note-se que em ambas as hipóteses a *oposição à renovação* pelo senhorio – já que lhe está vedada a denúncia imotivada a todo o tempo (ou motivada[11]) – está sujeita ao prazo de pré-aviso de um ano.

2.2. *Outras hipóteses em que se verifica a diminuição da tutela do arrendatário*

Nos contratos de arrendamento habitacional de duração limitada, a redução da tutela do locatário perpassa por outras vertentes.

Ao nível da transmissão da posição contratual, o regime não foi – com a reforma de 1995 – formalmente alterado (já que é o mesmo dos contratos sem duração limitada). Portanto, à partida manter-se-ia o benefício do locatário. Mas o facto de o senhorio se poder opor à prorrogação para o fim do prazo implica naturalmente que uma eventual transferência da situação jurídica é, também ela, fugaz.

A disciplina da actualização das rendas sofre algumas modificações. Contudo, para qualquer dos tipos contratuais concluídos à luz do RAU há uma uniformização dos regimes de renda. Esta ideia de equiparação da disciplina – já atrás exposta – denota uma quebra do proteccionismo do locatário.

Em relação à cessação do contrato pelo senhorio, a conclusão é similar. Conquanto se mantivesse (e se impusesse até) a acção de despejo em sede resolutiva e se tivesse excluído a via da denúncia (imotivada ou motivada), já da via *judicial* se prescinde em caso de oposição à prorrogação. Aqui ao senhorio basta uma mera notificação avulsa – com um dado tempo de antecedência – para terminar o contrato.

---

[11] Nos termos dos arts. 69.º ss. RAU.

Se bem que subsiste a mesma taxatividade em relação aos fundamentos resolutivos a invocar pelo locador[12], o mecanismo extintivo assinalado, sem as restrições impostas em sede resolutiva, atenua os seus inconvenientes.

---

[12] E a impossibilidade o senhorio se socorrer do regime da denúncia motivada, previsto nos arts. 69.º ss. RAU.

SECÇÃO SEGUNDA
A reforma e os modelos do direito transitório habitacional

§ 1. A necessidade de uma reforma. 1. Considerações gerais. 2. A identificação dos problemas. 3. Os contornos do regime de transição para a nova disciplina. § 2. Sub-modelos de transição para o novo regime. 1. O anteprojecto RNAU. 2. O anteprojecto NRAU. 3. A versão final. 3.1. Arrendamento para habitação. 3.2. Arrendamento não habitacional. 4. Breve apreciação genérica.

§ 1. A NECESSIDADE DE UMA REFORMA

1. **Considerações gerais**

Para se perceber melhor o regime dos contratos de arrendamento para habitação de outrora a partir da entrada em vigor do NRAU, é proveitoso apreciar os modelos em concreto tidos em vista, quer antes da publicação da nova lei (em particular os dois anteprojectos de cariz diverso dados a conhecer), quer em face desta (em virtude de haver sub-modelos distintos para as duas grandes modalidades de negócios previstos).

A exposição e a análise que nos propomos efectuar, permite lançar as bases para aquilatar, à medida do seu desenvolvimento, da bondade ou da razoabilidade das regras transitórias habitacionais.

Como se sabe, a urgência da reforma do regime do arrendamento emergia do facto de, no passado, as políticas seguidas terem privilegiado um conjunto de medidas desadequadas à realidade do mercado habitacional.

Por circunstâncias várias a situação foi-se agravando e agudizando.

2. A identificação dos problemas

No primeiro anteprojecto conhecido, o legislador – num dos diplomas específicos – identificou, com segurança e com certeza, os problemas essenciais a dirimir tendo em vista o "saudável desenvolvimento do mercado habitacional português, através da previsão de regras que, simultaneamente, promovam o mercado de arrendamento para habitação, facilitem a mobilidade dos cidadãos, criem condições atractivas para o investimento privado no sector imobiliário, devolvendo confiança aos agentes económicos, promovam a reabilitação urbana, a modernização do comércio, a qualidade habitacional e uma racional alocação de recursos"[13].

A mesma preocupação ressaltava de forma clara do segundo anteprojecto, dado a conhecer pouco tempo depois. Idêntica frase constava do respectivo preâmbulo.

Portanto, havia coincidência plena quanto à finalidade da "reforma profunda" que se pretendia consagrar.

As raízes concretas do problema também eram perfeitamente identificadas em ambos os textos: o desequilíbrio das posições contratuais gerado ao longo de várias décadas a favor do inquilino transformou o contrato de arrendamento num nicho pouco saudável.

Tratava-se, pois, de combater o vinculismo presente nos contratos do passado. Os seus contornos centravam-se em dois aspectos nucleares, embora estivesse longe de se reduzir a eles. Por um lado, no afastamento da regra da prorrogação imperativa do contrato de arrendamento em relação ao senhorio. Por outro, o baixo nível de rendibilidade ligado aos arrendamentos do pretérito, muito desadequado ao presente, tinha que ser ultrapassado.

Este último tema era, aliás, o primeiro a merecer destaque no § 1.º do preâmbulo do Regime de Transição para o Novo Regime do Arrendamento Urbano (RTNRAU). O congelamento das rendas por um certo período de tempo conjugado com a inflação crescente era visto como a causa – primacial – da ausência de um verdadeiro mercado arrendatício.

---

[13] Estes eram os objectivos que aquele se propunha alcançar e que foram logo delineados no § 3 do Preâmbulo do Regime de Transição para o Novo Regime do Arrendamento Urbano.

Este obstáculo associado à perpetuidade que caracteriza os contratos do pretérito provocava distorções e muitas dificuldades à sobrevivência desse mercado.

3. Os contornos do regime de transição para a nova disciplina

Em abstracto, os contornos do *novo* regime dos contratos antigos tinham de se situar necessariamente entre duas fronteiras: ou se mantinha exactamente igual a protecção conferida ao arrendatário habitacional (modelo conservador) ou se alterava o *status quo* vigente, tratando ambos os contratantes (locador e locatário) por igual (modelo liberal).

A premissa de que se partiu na reforma era a de que se mostrava imperioso afastar a tutela exagerada do inquilino quanto a alguns aspectos da disciplina, desfasados da actual realidade.

Se quanto a este tema todos concordavam, importava responder a uma outra questão: até onde deveria ir o alcance da reforma; dito de outro modo, em que medida e em que termos as vantagens do arrendatário antigo deviam subsistir para futuro.

A discussão centrou-se, pois, ao nível da manutenção ou da redução (drástica, gradual, controlada, faseada, contínua ou imediata) dos benefícios que advinham – e que assim se mantiverem durante décadas – de um contrato concluído à luz de um dado regime.

Note-se que esta problemática envolvia vários aspectos, desde os instrumentos protectores mais marcantes aos mecanismos menos relevantes.

§ 2. SUB-MODELOS DE TRANSIÇÃO PARA O NOVO REGIME

Dentre os vários caminhos possíveis, concretizamos o nosso raciocínio, usando os exemplos decorrentes dos dois anteprojectos e da própria lei vigente.

A sequência do seu estudo é cronológica, procurando espelhar os limites (nalguns casos extremados) prosseguidos em cada uma das soluções.

1. O anteprojecto RNAU

Em 18 de Novembro de 2004, na sequência de uma iniciativa do XVI Governo Constitucional, foi dado a conhecer o anteprojecto RNAU – Regime dos Novos Arrendamentos Urbanos.

A matéria em apreço estava inserida num diploma autónomo, designado Regime de Transição para o novo Regime do Arrendamento Urbano, que continha 37 normativos.

O objectivo identificado no preâmbulo era claro e bem definido: a aplicação aos contratos do pretérito da nova disciplina visava afastar o principal elemento vinculista.

Eram três os modos de obrigar os contratantes às novas regras:

- fomentava-se o acordo (por escrito) das partes, independentemente de outros pressupostos, considerando-se o contrato celebrado na data do acordo (art. 3.°);
- quanto aos contratos realizados à luz do RAU eram duas as soluções específicas: os de duração limitada passariam a reger-se pelas novas disposições quando a renovação operasse após a entrada em vigor do RNAU; aos outros aplicar-se-ia a nova disciplina (considerando-se concluídos por tempo indeterminado) ao fim de 3 anos após a entrada em vigor da lei (arts. 4.° RTNRAU);
- relativamente aos contratos anteriores ao RAU, a sujeição a tais preceitos decorreria da iniciativa do senhorio (art. 5.° RTNRAU), emergindo dos arts. 13.° a 15.° e dos arts. 16.° a 27.° as normas básicas.

Em paralelo, propunha-se uma fórmula própria quanto à actualização das rendas, que tinha na sua base igualmente a iniciativa do senhorio (cfr. art. 14.°, n.° 1 e arts. 20.° a 25.° RTNRAU).

Através do sistema consagrado, num curto espaço de tempo, os negócios do pretérito ficariam subordinados às novas disposições, de pendor marcadamente não proteccionista[14].

---

[14] Cfr., sobre esta temática, FRANCISCO DE CASTRO FRAGA e CRISTINA GOUVEIA CARVALHO, "O regime transitório", cit., pp. 355 ss.

Ao mesmo tempo, os dois principais problemas identificados quanto ao regime dos contratos do passado eram solucionados de modo célere e eficaz. Senão vejamos.

Ao impor ao arrendamento habitacional vinculista os preceitos referentes aos negócios de duração indeterminada permitia-se ao senhorio a denúncia imotivada – fazendo cessar o princípio da prorrogação imperativa –, através de um prazo de pré-aviso, relativamente curto, de três anos (art. 26.º, n.º 1 RTNRAU e art. 1104.º, n.º 1, al. c) CC, RNAU).

As rendas dos contratos anteriores ao RAU eram, por outro lado, passíveis de uma actualização extraordinária (arts. 20.º a 25.º RTRNAU). No limite e em razão da verificação do circunstancialismo previsto, o senhorio estaria legitimado a denunciar o contrato de arrendamento para habitação, desde que pagasse "uma indemnização correspondente a 3 anos do valor médio das propostas formuladas pelo senhorio e pelo arrendatário" (art. 21.º, n.º 4 RTNRAU).

As medidas emergentes do anteprojecto em causa aproximavam-se, largamente, do modelo liberal que perspectivava a redução da protecção do arrendatário habitacional (ou dito de outra forma, do arquétipo que pretendia um equilíbrio real e efectivo entre as partes). E fazia-o num curto período temporal. As disposições transitórias eram efectivamente temporárias e dentro em breve deixariam de vigorar.

Corrigia-se, como se afirmava no preâmbulo do diploma, a "distorção do mercado habitacional português" emergente, por um lado, da falta de capacidade financeira dos senhorios para a execução de obras nos seus imóveis, o que permitia que os inquilinos vivessem em prédios com condições deficientes, e, por outro lado, facultava aos locadores, quanto aos contratos novos, a cobrança de rendas exorbitantes por referência ao valor do mercado[15].

2. O anteprojecto NRAU

Tinham somente decorrido 7 meses sobre o RNAU, quando o XVII Governo Constitucional aprovou, em 23 de Junho de 2005, o primeiro

---

[15] Ver, sobre o tema, pormenorizadamente, MENEZES CORDEIRO, "A modernização do Direito português do arrendamento urbano", O Direito, 2004, II-III, pp. 240 ss.

texto da Proposta de Lei do Arrendamento Urbano, na generalidade, tendo em vista abrir um período de reflexão acerca das soluções legislativas adoptadas, procedendo-se à sua imediata disponibilização *on-line*[16], ao seu envio aos parceiros sociais com interesses no sector do arrendamento urbano, à realização de reuniões e à recolha de todos os contributos.

Após esta audição pública, foram introduzidas na Proposta de Lei as clarificações, as alterações e os aditamentos considerados pertinentes, seguindo-se a aprovação do texto final, na especialidade, no dia 22 de Julho de 2005.

Ora, no anteprojecto NRAU – Novo Regime do Arrendamento Urbano – a temática em causa encontrava-se integrada no diploma, ocupando o segundo dos seus três títulos, designado "normas transitórias" (arts. 26.º a 58.º). Abandona-se, pois, a ideia de consagração de regras num diploma autónomo. Tal provavelmente decorria do carácter pouco transitório dos preceitos nele inseridos, mas também do próprio modelo seguido no NRAU.

Se, do ponto de vista formal, a posição seguida era diversa da anterior, o mesmo ocorreu quanto à filosofia adoptada, porquanto se procurava manter, em larga escala, a tutela antiga do arrendatário habitacional e, portanto, algumas das principais vantagens que advinham das anteriores disposições.

Embora se reconhecesse a paralisação e até a inexistência de um mercado arrendatício, tal como o baixo nível de rendibilidade dos arrendamentos antigos e a inevitável ausência de obras de fundo pelos senhorios, não se descurava o propósito de evitar rupturas sociais.

O regime transitório incide primacialmente sobre os arrendamentos anteriores a 1990, apesar de se curar igualmente dos celebrados pós-RAU.

Desta sorte, todos os contratos de outrora permaneciam sujeitos à disciplina do RAU quanto à duração, à renovação e à denúncia (arts. 26.º e 28.º anteprojecto NRAU). Esta medida tinha um efeito importante: preservava o mecanismo da prorrogação forçada do contrato em relação ao senhorio.

No tocante à transmissão por morte do contrato vinculista, estabeleciam-se regras específicas no art. 56.º anteprojecto NRAU. Protegiam-se,

---

[16] Cfr., sobre o assunto, www.seaal.gov.pt/.

nos mesmos termos, as pessoas indicadas naquela disposição. O conteúdo do contrato antigo e a sua principal faceta permaneciam imunes à nova disciplina liberal traçada.

Previam-se, por outro lado, formas de actualização das rendas (arts. 30.º a 48.º anteprojecto NRAU) para os arrendamentos habitacionais de cariz vinculista anteriores ao RAU.

As soluções decorrentes do anteprojecto em causa aproximavam-se, ao invés do anteprojecto RNAU, do modelo conservador que perspectivava, pelo menos na vertente mais decisiva – a da prorrogação imperativa do contrato –, a manutenção do *status quo* vigente quanto ao arrendatário habitacional. Desta sorte, as "regras transitórias" não revestem o carácter que a sua designação sugere, pois são tendencialmente aplicáveis por um larguíssimo período de tempo.

Conquanto se reconheça, no preâmbulo do anteprojecto NRAU, a degradação de alguns prédios, a estagnação do mercado imobiliário, bem como as consequências provocadas por inúmeras leis "desajustadas e perversas", procura-se encontrar um "equilíbrio socialmente justo". A actuação do legislador centrou-se na correcção do regime de rendas, apesar de os procedimentos para a sua actualização se mostrarem algo complexos. Denotava-se aí, de todo o modo, o propósito de evitar (fortes) rupturas sociais.

3. A versão final

3.1. *Arrendamento para habitação*

A versão final do citado texto sofreu, no entanto, algumas modificações.

No NRAU – Lei 6/2006, de 27 de Fevereiro –, acolhe-se uma outra perspectiva: os contratos do passado estão agora sujeitos à nova disciplina (art. 26.º, n.º 1, 1ª parte e art. 26.º, n.º 4, proémio, 1ª parte). Ressaltam, porém, algumas especificidades que pretendem criar mecanismos de correcção em relação aos contratos antigos (cfr., *v.g.*, art. 26.º, n.º 1, parte final e art. 26.º, n.º 4, proémio, parte final e as suas várias alíneas).

Apesar de se densificar o art. 26.º, agora tido como preceito nuclear, a tutela do arrendatário habitacional é próxima da ínsita no anteprojecto.

O *status quo* vinculista mantém-se quanto à *prorrogação imperativa* dos contratos do pretérito, conquanto se atenue no quadro da transmissão por morte. Ao nível da actualização das rendas não se alteram os mecanismos base do anteprojecto: por um lado, o estado de conservação adequado do imóvel, e por outro, o faseamento (longo, médio ou curto) e o gradualismo na actualização, configuram peças fundamentais que não se modificam na Lei 6/2006.

Nos aspectos mais relevantes, não parece que se possa falar de um outro sub-modelo. Contudo, há particularidades a assinalar nos temas fulcrais e nos aspectos acessórios.

3.2. *Arrendamento não habitacional*

Impõe-se uma breve alusão aos contratos de arrendamento para fins não habitacionais. Justifica-se tal referência pelo facto de se adoptar um sub-modelo bem diverso daquele que foi consagrado no arrendamento para habitação.

No tocante àqueles (aqui se incluindo o arrendamento comercial) – concluídos depois da entrada em vigor do DL 257/95 –, a estrutura seguida é semelhante à do anteprojecto – disposições gerais (arts. 27.º a 29.º), actualização de rendas (arts. 30.º a 56.º) e transmissão por morte (arts. 57.º e 58.º).

Todavia, é muito significativa a remissão efectuada para o art. 26.º, que regula os negócios celebrados posteriormente ao RAU e ao DL 257/95, de 30 de Setembro e que se aplica àqueles com as necessárias adaptações.

Os contratos vinculistas mantêm, em princípio, o seu elemento primacial. Porém, consagra-se um conjunto de circunstâncias variadas e de cariz muito diverso – que vão desde a mera negociação do estabelecimento comercial à transmissão de participações sociais (art. 26.º, n.º 6 NRAU) – que sujeitam o contrato inteiramente ao novo regime (perdendo a sua natureza vinculista).

Por outro lado, a morte do arrendatário afecta de modo drástico o contrato, pois faz operar a sua caducidade. No entanto, prevê-se a transmissibilidade da posição jurídica em moldes – textualmente – muito restritivos (art. 58.º NRAU).

Quanto à actualização das rendas, a disciplina é mais dura para o arrendatário não habitacional. Há casos em que inexiste a possibilidade de faseamento da actualização, sendo esta imediata. Acresce que a actualização é sempre independente do estado de conservação do imóvel (cfr., em especial, os arts. 56.º e 52.º NRAU).

Este sub-modelo – com expressão igualmente no anteprojecto, mas com algumas variantes – é muito diverso do acolhido em sede habitacional. É, portanto, um *tertium genus* em relação aos outros dois assinalados, ou melhor um modelo conservador e liberal ao mesmo tempo. Tudo depende das matérias em causa[17].

4. Breve apreciação genérica

É muito discutível se a Lei 6/2006 compatibiliza de modo mais adequado os interesses das partes e as expectativas adquiridas pelo respectivo arrendatário habitacional no quadro legal vigente à data da conclusão do contrato.

Várias vozes se levantaram contra a sua consagração[18]. Falava-se de um "certa modernização", de "receios" quanto ao benefício da "subida de rendas, em detrimento dos problemas estruturais das obras e do rejuvenescimento urbano"[19], de "dois regimes distintos", pois o anterior "susbsiste parcialmente", portanto "duas situações similares, com contratos celebrados em datas diferentes, est[ão] submetidas a regras distintas"[20].

A nosso ver, o regime transitório habitacional tem soluções adequadas nalguns casos e pouco compreensíveis noutros.

Vejamos os seus aspectos mais razoáveis:

– a manutenção do elemento vinculista principal;
– a integração dos contratos antigos na nova classificação dos negócios quanto ao prazo.

---

[17] GRAVATO MORAIS, Novo regime do arrendamento comercial, cit., pp. 33 ss. e MARIA OLINDA GARCIA, Arrendamentos para comércio e fins transitórios, cit., pp. 70 ss.

[18] Note-se que não estamos aqui a falar dos problemas específicos que suscita a nova lei. Tão só nos interessa a apreciação do modelo seguido.

[19] MENEZES CORDEIRO, "O novo regime do arrendamento urbano", O Direito, 2005, II, p. 323.

[20] PEDRO ROMANO MARTINEZ, "Celebração e execução do contrato de arrendamento segundo o NRAU", O Direito, 2005, II, p. 339.

Identifiquemos agora alguns dos seus pontos débeis:

- o prolongamento excessivo da vertente vinculista, em especial quanto à transmissão por morte;
- a manutenção, sem limite temporal, do art. 107.º RAU, que permite ao arrendatário opor-se ao direito de denúncia para habitação do senhorio ou dos seus filhos;
- a complexidade inerente à actualização extraordinária das rendas;
- o carácter não distintivo da regra que dispõe sobre o direito do inquilino à compensação pelas benfeitorias;
- a atribuição ao arrendatário de um direito aparente (o direito ao realojamento) no caso de denúncia para demolição ou para obras de remodelação ou de restauro profundos;
- as restrições impostas (a vários níveis) ao senhorio em relação à denúncia motivada assinalada no ponto anterior.

CAPÍTULO SEGUNDO

Arrendamento habitacional "sem duração limitada"

O nosso estudo incide sobre as regras de direito transitório aplicáveis aos arrendamentos habitacionais.

Os arts. 26.º a 58.º NRAU, inseridos no título II, sob a epígrafe "normas transitórias", contêm o regime a que estão subordinados os contratos concluídos até à entrada em vigor do NRAU.

Destacamos, por isso, as especificidades a que se encontram sujeitos os contratos "sem duração limitada" (art. 26.º, n.º 4, parte inicial, art. 57.º *ex vi* 26.º, n.º 2 NRAU), relevando ainda as (escassíssimas) novidades dos contratos de "duração limitada" (art. 26.º, n.º 3 NRAU).

Deve ainda referir-se que existem aspectos comuns aos negócios vinculistas anteriores ao NRAU (art. 26.º, n.º 1, empregue também *ex vi* art. 28.º NRAU).

O novo texto atende à distinção operada quanto ao tipo de arrendamento e considera, para alguns efeitos (*v.g.*, em sede de actualização da renda, de compensação pelas obras), a celebração dos contratos até um dado prazo.

SECÇÃO PRIMEIRA
Sujeição ao NRAU

§ 1. O significado da sujeição ao NRAU dos contratos do passado. 1. A substituição das regras. 2. Os efeitos da substituição das regras. 2.1. A aplicação das *novas* regras. 2.1.1. Os parâmetros da resolução. 2.1.2. A denúncia pelo arrendatário. 2.1.3. As comunicações entre as partes. 2.1.4. A criação de títulos executivos extrajudiciais. 2.2. O emprego das normas actuais idênticas às do passado. 2.3. A *manutenção* das regras do pretérito. 3. O carácter bifronte dos regimes transitórios.

§ 1. O SIGNIFICADO DA SUJEIÇÃO AO NRAU DOS CONTRATOS DO PASSADO

1. A substituição das regras

Estabelece-se o princípio de que os contratos de arrendamento habitacional vinculísticos – sem duração limitada – anteriores ao NRAU, independentemente de terem sido concluídos antes do RAU ou posteriormente a ele, ficam sujeitos à nova disciplina (art. 26.º, n.º 1 e art. 26.º, n.º 4, proémio NRAU).

Cumpre ainda referir que os contratos sem duração limitada se regem "pelas regras aplicáveis aos contratos de duração indeterminada" (art. 26.º, n.º 4, proémio NRAU). Portanto, assimilam-se aqueles a estes, que lhes são substancialmente próximos.

2. Os efeitos da substituição das regras

Daqui resultam três situações distintas quanto aos contratos antigos: a aplicação dos preceitos do presente (ligeira ou largamente diferentes); o emprego das disposições do NRAU, com pouca ou nenhuma divergência em relação aos preceitos do passado; a manutenção das *normas* do pretérito.

2.1. *A aplicação das* novas *regras*

Uma primeira consequência deste regime de transição é o da inaplicabilidade das disposições anteriores, já que o NRAU faz cair ou modifica muitas das disposições do passado. Vejamos alguns exemplos.

2.1.1. Os parâmetros da resolução

Ao nível da resolução do contrato de arrendamento alteram-se, no quadro do art. 1083.º CC, NRAU, os parâmetros do pretérito.

Reconduzem-se os fundamentos resolutivos ao regime geral do incumprimento, embora com algumas especificidades (art. 1083.º, n.º 2, proémio CC, NRAU). Abandona-se o princípio da taxatividade consagrado no (antigo) art. 64.º RAU. Daí resulta um reequilíbrio (não absoluto) entre os contratantes.

Todavia, a nível do exercício formal do direito há diferenças significativas entre eles. O senhorio, na maior parte dos casos, necessita de instaurar a competente acção de despejo para pôr fim ao contrato (art. 1084.º, n.º 2 CC, NRAU)[21]. Diversamente, o arrendatário não necessita da via judicial para resolver o negócio (art. 1083.º, n.º 1 CC, NRAU e art. 9.º, n.ºˢ 1 a 6 NRAU).

Ora, esta disciplina vale para todos os contratos do passado, o que configura uma ruptura relativa dos mecanismos de protecção do locatário.

2.1.2. A denúncia pelo arrendatário

A denúncia pelo arrendatário tem regras diferentes. Quanto ao prazo de pré-aviso, afasta-se o emprego do art. 1055.º CC (*ex vi* art. 68.º, n.º 1 RAU), com os seus distintos períodos. Actualmente, o art. 1100.º CC, NRAU unifica o mencionado prazo (agora de 120 dias), permitindo, por outro lado, ao inquilino a invocação do mecanismo a todo o tempo.

2.1.3. As comunicações entre as partes

Destaque-se igualmente um conjunto de disposições que visam a uniformização dos procedimentos referentes às comunicações entre as partes.

Em relação à forma, a regra geral consta dos art. 9.º, n.ºˢ 1 a 6 NRAU. A carta registada com aviso de recepção e a entrega em mão são as modalidades alternativas previstas para os casos de cessação, actualização de

---

[21] Ressalve-se o art. 1084.º, n.º 1 CC, NRAU e o art. 9.º, n.º 7 NRAU.

rendas e obras. O art. 9.º, n.º 7 NRAU regula a solenidade a observar quando a resolução pelo senhorio opera extrajudicialmente (art. 1084.º, n.º 1 CC, NRAU). A notificação avulsa ou o contacto pessoal de pessoas dotadas de especiais qualidades (advogado, solicitador e solicitador de execução) são as vias ao dispor.

Ulteriormente, trata-se das vicissitudes das comunicações (art. 10.º NRAU), da disciplina a aplicar em caso de pluralidade de senhorios ou de inquilinos (art. 11.º NRAU) e, por fim, dos aspectos atinentes à casa de morada de família (art. 12.º NRAU).

2.1.4. A criação de títulos executivos extrajudiciais

Realce-se uma importante inovação processual do presente inteiramente válida para os contratos do passado.

Foram criados 7 títulos executivos extrajudiciais:

– 6 deles servem de base à execução para entrega de coisa certa sempre que o imóvel não seja desocupado na data devida por lei ou por convenção das partes (art. 15.º, n.º 1 NRAU);
– um outro serve de sustentação à execução para entrega de quantia certa (por falta de pagamento da renda) – art. 15.º, n.º 2 NRAU.

Na larga maioria das situações assume lugar de destaque o contrato (escrito) de arrendamento – conquanto o legislador não tenha usado invariavelmente a mesma expressão –, já que sem ele não se mostra possível a constituição do respectivo título executivo (cfr. art. 15.º, n.º 1, als. a), b), c), d), e) e n.º 2 NRAU).

Apenas numa hipótese a base do título executivo é outra: o comprovativo da comunicação da iniciativa do senhorio e o documento de resposta do arrendatário (art. 15.º, n.º 1, al. f) NRAU).

Ressalva-se, porém, que aos contratos vinculistas jamais se aplicam as referidas als. b) e c), sendo que a citada al. d) é susceptível de se empregar, mas apenas se houver quebra da principal manifestação proteccionista do inquilino.

2.2. *O emprego das normas actuais idênticas às do passado*

Há outras matérias, pelo contrário, que praticamente se mantêm intocadas. Portanto, o NRAU poucas mutações trouxe.

No fundo, isto significa, em princípio, uma continuidade no regime do passado, seja porque se entendeu necessária a sua manutenção, apesar do favorecimento do locatário habitacional, seja porque a disciplina já era equilibrada.

São os casos da revogação por mútuo acordo (o art. 1082.º CC, NRAU só ligeiramente e em termos formais diverge do art. 62.º RAU), da caducidade do contrato (o art. 1051.º CC, NRAU pouco se altera em relação à redacção anterior) ou do subarrendamento (os arts. 1088.º a 1090.º CC, NRAU, reproduzem os arts. 44.º a 46.º RAU).

2.3. **A manutenção** *das regras do pretérito*

Há disposições que, apesar de revogadas, se mantêm actualmente "vigentes". Tal sucede com a temática do fiador do locatário.

Antes do NRAU, o art. 655.º CC traçava uma disciplina própria sobre esta matéria.

A revogação (a nosso ver, inopinada) desta norma, fruto do art. 2.º, n.º 1 NRAU, não impede que se mantenha o seu regime quanto aos contratos do pretérito[22].

3. **O carácter bifronte dos regimes transitórios**

Saliente-se, por fim, que as regras transitórias não têm um alcance semelhante.

Consagrou-se, por um lado, uma disciplina para todos os contratos "sem duração limitada", independentemente portanto do momento da sua conclusão. É, desta sorte, indiferente que tenham sido celebrados antes ou depois do RAU. O relevante é o seu cariz vinculista.

---

[22] GRAVATO MORAIS, "Fiança do locatário", Scientia Ivridica, 2007 (em fase de publicação).

A uniformidade parcial do regime resulta da remissão efectuada pelo art. 28.º (onde se determina que "aos contratos a que se refere o presente capítulo [celebrados antes do RAU], aplica-se, com as devidas adaptações, o previsto no artigo 26.º'"), e naturalmente do próprio art. 26.º, que rege igualmente os contratos de arrendamento habitacional de tipo vinculístico concluídos à luz do RAU.

Assim sucede com as normas transitórias referentes à denúncia (imotivada ou motivada, embora numa primeira fase se restrinja a análise à "denúncia para habitação") pelo senhorio e atinentes à transmissibilidade do arrendamento por morte, que são empregues a qualquer contrato "sem duração limitada" do passado.

Ao lado destas, destaca-se um outro grupo de hipóteses vigentes para os negócios anteriores ao RAU.

No entanto, há aqui que diferenciar dois tipos de regimes: um geral e outro especial.

Integrado naquele encontram-se duas temáticas: por um lado, a actualização extraordinária da renda pelo senhorio (arts. 30.º a 49.º NRAU); por outro, o direito do arrendatário a uma compensação pelas obras feitas na sequência da cessação do contrato (art. 29.º NRAU).

Destacam-se neste as regras específicas relativas às obras a efectuar pelo arrendatário (arts. 29.º ss. DL 157/2006) e as inerentes à denúncia (pelo senhorio) para demolição ou para realização de obras de remodelação ou de restauro profundos (arts. 24.º e 25.º DL 157/2006).

Estes relevar-se-ão na Secção IV deste Capítulo. Essa opção decorre, por um lado, de tal assunto estar inserido num texto legal específico – DL 158/2006 –, embora com conexão com os arts. 1103.º ss. CC, NRAU. Uma das matérias poderia ser inserida, na verdade, no estudo que imediatamente vamos realizar, em razão da sua coincidência. Trata-se da denúncia pelo senhorio para demolição do locado ou para obras de remodelação ou de restauro profundos. A análise ulterior resulta não só da sua integração num conjunto de questões de índole complexa, que pressupõe o conhecimento de alguns assuntos a abordar previamente, como ainda da circunstância de valer em exclusivo para os contratos vinculísticos muito antigos (prévios ao RAU).

SECÇÃO SEGUNDA
*Regime transitório geral aplicável
a qualquer contrato vinculistíco*

§ 1. Denúncia do contrato pelo senhorio. 1. Denúncia imotivada. 1.1. A protecção do arrendatário habitacional. 1.2. A transferência entre vivos da posição arrendatícia. 1.2.1. A protecção do *cônjuge do arrendatário*. 1.2.2. A protecção daquele que vive em união de facto com o arrendatário. 2. Denúncia motivada. 2.1. Admissibilidade; tipologia. 2.2. Denúncia para habitação pelo senhorio ou para habitação dos seus descendentes em 1.º grau. 2.2.1. Requisitos da denúncia; a) Substanciais; b) Processual; c) Temporais; d) Indemnizatório; e) Pós-contratuais. 2.2.2. Oponibilidade ao exercício do direito de denúncia; a) Oponibilidade pelo arrendatário; b) Oponibilidade pelo cônjuge arrendatário; c) Oponibilidade pelo unido de facto. 2.2.3. Casos omissos. § 2. Transmissão da posição contratual por morte do arrendatário. 1. A transmissibilidade como regra. 1.1. A opção legislativa. 1.2. A transferência do ponto de vista do arrendatário. 1.3. Os beneficiários da transmissão. 1.3.1. A hierarquia em geral. 1.3.2. A hierarquia em especial; a) Cônjuge; b) A pessoa que vive em união de facto; i) A união de facto; ii) O prazo; a residência no locado; c) Ascendente; d) O filho ou o enteado; e) O filho ou o enteado (cont.); 1.4. Modos de transmissão. 1.4.1. Transmissão vertical. a) Os critérios. b) O problema da prioridade filho/enteado. 1.4.2. Transmissão horizontal. a) O concurso de sujeitos ao mesmo nível; b) O problema da prioridade filho/enteado. 1.4.3. Transmissão sucessiva. a) Transmissão entre ascendentes. b) Transmissão a favor dos filhos ou dos enteados. 1.5. O direito dos potenciais transmissários a habitar o locado. 1.6. A renúncia ulterior do novo arrendatário e o problema da transmissão. 1.7. Comunicação ao senhorio da transmissão. 1.7.1. O dever de comunicação. 1.7.2. A renúncia à transmissão. 1.7.3. Conflito quanto à pessoa do transmissário. 1.7.4. A transmissão sucessiva. 2. Sujeitos excluídos da transmissão. 3. Consequências da transmissão do arrendamento por morte. 3.1. Impossibilidade de denúncia imotivada pelo senhorio. 3.2. Invocação pelo arrendatário de impedimentos à denúncia motivada

Cumpre apreciar, em primeiro lugar, as particularidades que foram consagradas quanto aos contratos vinculistas e que resultam dos arts. 26.º, n.ᵒˢ 4 e 5, arts. 27.º a 49.º e art. 57.º todos do NRAU.

§ 1. DENÚNCIA DO CONTRATO PELO SENHORIO

1. Denúncia imotivada

1.1. *A protecção do arrendatário habitacional*

O regime dos contratos de duração indeterminada previsto no NRAU (arts. 1099.º a 1104.º CC) tem como principal efeito permitir ao senhorio a sua denúncia sem motivo, "mediante comunicação ao arrendatário com antecedência não inferior a cinco anos sobre a data em que pretenda a cessação" – art. 1101, al. c) CC, NRAU.

Não se prescinde, no entanto, de uma posterior confirmação pelo locador entre o 15º e o 12º meses por referência à data em que opera a extinção do contrato – art. 1104.º CC, NRAU –, sob pena de ineficácia da declaração extrajudicial de denúncia.

Ora, o art. 26.º, n.º 4, al. c) NRAU – norma transitória – impede que se empregue a disciplina dos contratos de duração indeterminada na totalidade. Afasta justamente a mencionada al. c) do art. 1101.º CC, NRAU – e naturalmente do art. 1104.º CC, NRAU, deste dependente.

Desta sorte, na esteira do RAU, a denúncia imotivada (ou, usando os termos antigos quanto a esta matéria, a *oposição à renovação*) pelo senhorio não é admissível.

Mantém-se intacta, com tal disposição, a posição jurídica do arrendatário habitacional, que continua a beneficiar da específica tutela vinculista, exactamente na mesma medida. Protegem-se, deste modo, as relações constituídas no quadro do direito anterior.

1.2. A transferência entre vivos da posição arrendatícia

1.2.1. A *protecção do* cônjuge do arrendatário

Em princípio, a cessão *inter vivos* da posição do arrendatário habitacional está sujeita ao regime do art. 424 CC *ex vi* art. 1059.º, n.º 2 CC. Não se prescinde do consentimento do senhorio para que ocorra a sua transferência.

Há, no entanto, casos em que não é necessária a aquiescência do locador.

Verifiquemos as condições para que tal suceda à luz do regime actual.

Por um lado, impõe-se que o imóvel dado de arrendamento seja a casa de morada de família (art. 1105.º, n.º 1, 1ª parte CC, NRAU). A norma do pretérito – o art. 84.º RAU – não fazia referência a essa especificidade. Aquela parece ser mais restritiva, embora seja pensável que um casal possa ter mais do que uma casa de morada de família.

Por outro, a transmissibilidade da situação arrendatícia com dispensa de consentimento apenas se permite no caso de divórcio ou de separação judicial de pessoas e de bens. O outro cônjuge pode beneficiar daquela transferência – ou da concentração do arrendamento (art. 1105.º, n.º 1 CC, NRAU).

Privilegia-se, nesta sede, o acordo dos cônjuges, aos quais assiste, com total liberdade, "optar pela transmissão ou pela concentração a favor de qualquer deles" (art. 1105.º, n.º 1 CC, NRAU). Na sua falta, cabe ao tribunal decidir, em razão de várias circunstâncias, sobre uma eventual cessão (art. 1105.º, n.º 2 CC, NRAU).

Ora, inexiste qualquer regra transitória que determine regime distinto para os contratos do passado. Desta sorte, por efeito da aplicação do art. 1105.º CC, NRAU, de acordo com o condicionalismo descrito, mantém-se intacto o conteúdo da posição arrendatícia transferido (ou concentrado) e, por esta via, o principal efeito do vinculismo.

A razão de ser da solução assenta na tutela dos interesses pessoais do outro cônjuge (quanto ao seu alojamento) e de outros interesses laterais não menos relevantes (em especial os dos filhos). Este benefício opera, porém, à custa do senhorio.

Note-se que não se consagra, nesta sede e ao contrário do que sucede no arrendamento não habitacional, qualquer facto que gere a sujeição por inteiro e de imediato ao novo regime da denúncia imotivada que subjaz aos contratos de duração indeterminada (art. 26.º, n.º 6 NRAU).

Realce-se, por fim, que se podem imaginar situações *sui generis* e até residuais em que a protecção pouco sentido fará. Estamos a pensar que, à luz do regime do pretérito, tinha já ocorrido – por hipótese em 2000 – a transmissão da posição de arrendatário por acordo entre os cônjuges, na sequência do divórcio, ao abrigo do art. 84.º RAU. O novo arrendatário casou novamente no ano de 2006, estando já em curso um novo processo de divórcio. Uma eventual transferência da posição de arrendatário para o cônjuge nos exactos termos – ou, seja mantendo-se o principal efeito vinculista – não parece merecer a mesma tutela.

1.2.2. *A protecção daquele que vive em união de facto com o arrendatário*

Idêntica questão se suscita em relação ao *unido de facto*.

Encontram-se nesta situação aqueles que, independentemente do sexo, vivam em união de facto há mais de dois anos (art. 1.º, n.º 1 Lei 7/2001, de 11 de Maio).

Verificado este pressuposto e inexistindo impedimentos à produção dos respectivos efeitos jurídicos (art. 2.º Lei 7/2001), o art. 4.º, n.º 3 do mesmo diploma preceitua que, "em caso de separação, pode ser acordada entre os interessados a transmissão do arrendamento em termos idênticos aos previstos no n.º 1 do art. 84.º do Regime do Arrendamento Urbano [agora art. 1105.º, n.º 1 CC, NRAU]".

Parece que este beneficia, nos exactos termos, da transmissão da posição de arrendatário, com os seus caracteres vinculistas.

Observe-se que a dissolução da união de facto, atenta a situação em apreço, se dá por vontade de um dos seus membros (art. 8.º, n.º 1, al. b) Lei 7/2001) ou com o casamento de um dos seus membros (art. 8.º, n.º 1, al. c) Lei 7/2001).

Também aqui se privilegia o acordo entre os interessados, como assinalámos. A transmissibilidade pode suscitar alguma dificuldade no caso de inexistência de acordo. Tal emerge, de resto, do art. 4.º, n.º 4 Lei /2001. Aí se afirma que o disposto no art. 84.º, n.º 2 do RAU [agora 1105.º, n.º 2 CC, NRAU] é aplicável à união de facto "se o tribunal entender que tal é necessário, designadamente tendo em conta, consoante os casos, o interesse dos filhos ou do membro sobrevivo"

Ora, se um dos membros do casal pretende fazer valer os seus direitos não pode deixar de instaurar a respectiva acção judicial, cabendo em última instância ao tribunal pronunciar-se sobre o destino do locado.

2. Denúncia motivada

2.1. *Admissibilidade; tipologia*

Atentemos, em seguida, na denúncia motivada do contrato pelo senhorio.

Uma interpretação *a contrario* da al. c) do n.º 4 do art. 26.º NRAU e ainda do teor do próprio art. 26.º, n.º 1 NRAU, justificam aquela. Tudo depende da verificação dos requisitos previstos nos arts. 1101.º, 1102.º e 1103.º todos do CC, NRAU.

De resto, tais preceitos aproximam-se, em muitos aspectos, dos anteriores arts. 69.º, 70.º e 71.º, todos do RAU. Há, contudo, especialidades a realçar.

São quatro as hipóteses de denúncia justificada ínsitas nas duas primeiras alíneas do art. 1101.º CC, NRAU:

- a necessidade de habitação pelo próprio senhorio (art. 1101.º, al. a), 1ª parte);
- a necessidade de habitação pelos seus descendentes em 1.º grau (art. 1101.º, al. a), parte final);
- a demolição do imóvel (art. 1101.º, al. b), 1ª parte);
- a realização de obra de remodelação ou de restauro profundos (art. 1101.º, al. c), parte final).

Deixamos para momento posterior a análise destas duas últimas possibilidades[23], pelas razões atrás enunciadas. Importa, pois, saber como se concebe a tutela vinculista do arrendatário habitacional nas duas primeiras situações.

---

[23] Cfr. *infra*, neste capítulo, a SEC. IV, I, §§ 1 e 2.

2.2. Denúncia para habitação pelo senhorio ou para habitação dos seus descendentes em 1.º grau

2.2.1. Requisitos da denúncia

Os arts. 1102.º e 1103.º CC, NRAU consagram um conjunto de requisitos de índole diversa e globalmente muito exigentes para que o senhorio possa denunciar fundadamente o contrato de arrendamento para habitação.

a) Substanciais

Tratemos, em primeiro lugar, dos pressupostos materiais, justificativos da extinção.

Desde logo, realça-se a exigência de uma dupla motivação, que pode qualificar-se simultaneamente como ampla e restrita. Com efeito, a denúncia sempre terá na sua base a "necessidade de habitação" (art. 1101.º, al. b), 1ª parte CC, NRAU). Mas impõe-se ainda que tal desiderato seja prosseguido "pelo senhorio ou pelos seus descendentes em 1.º grau" (art. 1101.º, al. b), 1ª parte CC, NRAU).

A premissa ampla de que se parte – a necessidade de habitação – é compreensível.

A justificação restrita exclui todos os outros descendentes de grau superior (2.º ou 3.º), netos ou bisnetos do locador, de obterem o locado para aquela finalidade.

De todo o modo, o adoptado pleno[24] do senhorio deve ser equiparado aos descendentes em 1.º grau, atento o facto de adquirir a situação de filho do adoptante e de se integrar com os seus descendentes na família daquele (art. 1986.º CC). O regime é-lhes, a nosso ver, igualmente aplicável.

Quanto aos outros requisitos substanciais do passado, todos eles se mantêm.

Por um lado, impõe-se a verificação de uma duas circunstâncias em relação ao senhorio, dependentes da sua situação e do tempo ou da transmissibilidade do imóvel, sem que aqui o elemento temporal tenha qualquer tipo de interferência. Senão vejamos.

---

[24] A solução afigura-se discutível quanto aos adoptados restritos. As limitações emergentes desta específica qualidade levam-nos a rejeitar tal possibilidade.

O art. 1102.º, n.º 1 al. a), 1ª parte CC, NRAU determina que só pode propor a acção de despejo, por denúncia motivada, o senhorio que é proprietário, comproprietário ou usufrutuário do prédio. Para além disso, deve deter qualquer uma destas qualidades há mais de cinco anos.

Alternativamente, ao abrigo da parte final da al. a) do n.º 1 do art. 1102.º CC, NRAU, basta a mera aquisição do prédio por sucessão para que se preencha este sub-requisito material[25]. Não há, *in casu*, dependência de um período temporal.

Mas o legislador não se fica por aqui. Exige, tal e qual como no revogado RAU, que o locador não tenha há mais de um ano, em determinada zona, casa própria ou arrendada que satisfaça as suas necessidades de habitação ou dos seus descendentes em 1.º grau (art. 1102.º, n.º 1, al. b) CC, NRAU[26]).

Igualmente se conjuga a vertente temporal (que agora funciona por omissão, ou seja, exige-se que "não tenha...") com um outro elemento de fundo que funciona nos mesmos termos. O facto de o senhorio ser o proprietário de um prédio ou ser arrendatário de um imóvel que satisfaça as suas necessidades habitacionais na zona em causa preclude a utilização desta via.

As limitações estendem-se a um outro nível. Se o senhorio, nessa qualidade, tiver arrendado vários imóveis (independentemente do fim, ou seja, para habitação ou não), sendo que os contratos ainda estão em vigor, então a denúncia justificada apenas se admite relativamente ao locado arrendado há menos tempo, no pressuposto que satisfaça as necessidades de habitação própria e da família (art. 1102.º, n.º 2 CC, NRAU[27]).

Uma última nota para aludir ao "direito de denúncia para habitação do descendente [em 1.º grau] [ou do adoptado pleno, nas mesmas condições]", hipótese prevista no art. 1102.º, n.º 3 CC, NRAU.

O requisito que emerge do art. 1102.º, n.º 1, al. a) CC, NRAU deve verificar-se em relação ao senhorio.

Diversamente, o pressuposto da al. b) do citado normativo deve preencher-se em relação ao descendente.

---

[25] A disposição é idêntica ao revogado art. 71.º, n.º 1, al. a) RAU.
[26] Também aqui a regra é similar ao antigo art. 71.º, n.º 1, al. b) RAU.
[27] O normativo corresponde ao revogado art. 71.º, n.º 2 RAU.

b) Processual

A denúncia imotivada em análise é efectuada "nos termos da lei de processo". Assim, tal como outrora, não se prescinde da correspondente propositura da acção de despejo (art. 14.º NRAU).

c) Temporais

Este modo de extinção do contrato está ainda subordinado a um conjunto vasto de pressupostos de índole meramente temporal.

Desde logo, da "denúncia não pode resultar uma duração total do contrato inferior a cinco anos" (art. 1103.º, n.º 7 CC, NRAU). Ora, não é crível que este seja um efectivo obstáculo à denúncia nos arrendamentos vinculistas, visto que, na sua larguíssima maioria, já perduram há mais tempo.

Impõe-se, no entanto, uma outra condição temporal prévia: a acção de despejo necessita de ser instaurada com um certo tempo de antecedência – *in casu*, de 6 meses – em relação ao momento em que se pretende a desocupação (art. 1103.º, n.º 1, parte final CC, NRAU)[28]. O objectivo é o de dar ao arrendatário um certo período para preparar a sua saída do locado. Não se exige, todavia, que o senhorio faça a denúncia para o termo do prazo do contrato (cfr. o antigo art. 70.º RAU), pois este *transformou-se* num negócio sem prazo. Acolhe-se, por esta via, a regra do imediatismo da denúncia.

d) Indemnizatório

A cessação do contrato está dependente do pagamento, pelo senhorio ao arrendatário, de um montante ressarcitório que corresponde a um número fixo de meses: doze ou, como se determina, um ano de renda (art. 1102.º CC, NRAU).

Este foi o critério que se entendeu adequado e que serve como forma de indemnizar os danos sofridos pelo arrendatário com a extinção *abrupta* do contrato e a consequente imposição do abandono do locado.

---

[28] Há diferenças entre esta regra e o correspondente art. 70.º RAU, que fazia referência ao fim do prazo.

Em relação ao passado, atenua-se o valor a pagar, pelo menos em abstracto, em virtude de, no RAU, tal importância ascender a dois anos e meio da renda vigente, portanto 30 meses (cfr. o revogado art. 72.º RAU).

No entanto, em concreto pode revelar-se superior em razão da actualização extraordinária de renda prevista no NRAU, já que se tem em conta, como afirmámos, o montante mensal, mas agora calculado ao abrigo dos arts. 30.º e 31.º NRAU (art. 26.º, n.º 4, al. b) NRAU).

Uma ulterior questão se suscita: em que momento se deve encontrar depositada tal soma. O problema tem extrema pertinência, já que o art. 1103.º, n.º 5 CC, NRAU determina que "a indemnização devida pela denúncia deve ser paga no mês seguinte ao trânsito em julgado da decisão que a determine". Justifiquemos a causa da nossa apreensão.

O art. 1103.º CC, NRAU tem um alcance vasto: o da denúncia justificada. Por outro lado, há números que se aplicam expressamente a ambas as situações (as previstas nas als. a e b) do art. 1101.º CC, NRAU) e outros que se limitam a apenas uma delas. É o caso, respectivamente, do n.º 1, por um lado, e dos n.ºs 2 e 3, por outro. Acresce que a indemnização em apreço se encontra consagrada no art. 1102.º, n.º 1 CC, NRAU, sendo que a referente à al. b) do art. 1101.º CC (que de resto não se aplica em sede de direito transitório, mas sim a do DL 157/2006) está aposta no art. 1103.º, n.ºs 3 e 4 CC, NRAU. Ora, o n.º 5 deste preceito suscita a dúvida, pois encontra-se aposto logo a seguir à indemnização (sendo que a outra indemnização está prevista noutro preceito), embora a norma tenha um alcance lato, como inicialmente identificámos.

Cremos que deve prevalecer a letra do art. 1102.º, n.º 1 CC, NRAU: o direito em causa "depende do [efectivo] pagamento...". Aliás, a mesma lógica está presente no DL 157/2006, em sede de direito transitório especial (cfr. art. 26.º, n.ºs 2 e 3, conquanto este seja aplicável em sede não habitacional, e art. 8.º n.ºs 3 e 4, ambos do mesmo diploma).

Assim, tal valor deve encontrar-se depositado pelo senhorio quando instaura a acção, parecendo de afastar a tese de que deve ser entregue apenas antes da decisão que torna definitiva a extinção do contrato.

e) Pós-contratuais

Reconhecido pelo tribunal o motivo da denúncia e verificada a desocupação (e a entrega) do imóvel pelo arrendatário, o senhorio encontra-se adstrito ao cumprimento de dois específicos deveres de utilização do prédio.

Dado que a denúncia se fundamentou na necessidade de habitação (do senhorio ou dos seus descendentes em 1.º grau), é razoável a imposição de um curto período temporal para dar ao imóvel o respectivo uso (habitacional). O prazo tido como adequado é de 6 meses (art. 1103.º, n.º 2, 1ª frase CC, NRAU), o que configura uma extensão do anterior prazo de 60 dias constante do RAU (art. 72.º, n.º 2, 1ª parte CC, NRAU).

Acresce que o momento da utilização efectiva do locado pelo senhorio – e aqui parece relevar a data em que o ex-locador começa a transferir, ainda que naquele não habite, os móveis para a sua nova residência, ou a altura em que começa a realizar obras de melhoramento do imóvel – marca o início do período mínimo de 3 anos em que se deve verificar essa específica utilização (art. 1103.º, n.º 2, parte final CC, NRAU). Em relação ao regime do passado, mantém-se o prazo de permanência no locado de 3 anos.

Quanto a uma eventual desocupação do prédio pelo proprietário, ex--senhorio, durante esse período, o art. 1103, n.º 6, parte inicial CC, NRAU refere-se a "caso de força maior" que permite exonerar aquele da obrigação de utilização. No RAU não se admitia que estivesse devoluto durante mais de um ano sem motivo de força maior (art. 72.º, n.º 2 RAU).

Mas qual o significado da expressão "força maior" nesta específica hipótese. Isto porque, por exemplo, o art. 1072.º, n.º 2, al. a) CC, NRAU alude à "força maior" e à "doença". Ora, parece-nos que a expressão em análise engloba esta última justificação, sendo por isso igualmente causa de exclusão da responsabilidade do proprietário do imóvel.

Dito isto, cabe referir que o senhorio está impedido de arrendar novamente o prédio a outrem. Isso significaria desvirtuar o mecanismo da denúncia posto ao seu dispor.

De igual sorte se encontra proibido de usar o imóvel para um outro fim próprio, *v.g.*, o comércio, o exercício de profissão liberal.

O incumprimento pelo proprietário do locado (e ex-senhorio) dos deveres de utilização decorrentes do n.º 2 do art. 1103.º CC, NRAU, é sancionado de forma gravosa.

Por um lado, torna-se "responsável por todas as despesas e demais danos, patrimoniais e não patrimoniais, ocasionados ao [ex-]arrendatário" (art. 1103.º, n.º 6, 3.º trecho CC, NRAU). Estipula-se, de resto, um limite mínimo indemnizatório de dois anos de renda vigente. Este valor suscita, desde logo, a questão de saber se o "ex-inquilino" necessita de provar os prejuízos causados. A resposta é, quanto a nós, negativa. A esta quantia aquele tem sempre direito. Caso consiga demonstrar que foram ocasionados danos em valor superior ao de dois anos da renda vigente, então é essa a soma devida.

Note-se que, no regime do pretérito, se estabelecia uma dupla indemnização: de "dois anos e meio de renda à data do despejo" (art. 72.º, n.º 1 *ex vi* art. 72.º, n.º 2 ambos do RAU), a ela acrescendo a "importância correspondente a dois anos de renda" (art. 72.º, n.º 2 RAU).

A inexistência de um tecto indemnizatório superior parece-nos criticável. Tanto mais que todos os danos, incluidos os não patrimoniais, são ressarcíveis. Para além disso, basta que o inadimplemento se reporte à violação de um desses deveres pós-contratuais. O critério é desajustado e inadequado.

Mas este não é o único efeito emergente do incumprimento dos deveres de utilização efectiva para o fim invocado. Tal inadimplemento confere igualmente ao arrendatário o direito à reocupação do locado (art. 1103.º, n.º 6, última frase CC, NRAU). Repristina-se, assim, o contrato de arrendamento, denunciado pelo senhorio.

Esta sanção – que não tem cariz inovador em relação ao RAU, já que o art. 72.º, n.º 2, *in fine* desse diploma legitimava o arrendatário a reocupar o imóvel – pressupõe que o antigo inquilino instaure a competente acção judicial para reaver o prédio[29].

Esta via parece-nos pouco exequível do ponto de vista prático. Pressupõe-se o exercício de uma apertada vigilância sobre o locado após a sua restituição, o que só será possível, *v.g.*, se o arrendatário mantiver a sua vida familiar num local muito próximo ao do imóvel onde residiu. Acresce que a referida acção não é seguramente decidida em curto prazo, pelo que a reocupação efectiva pode demorar um bom par de anos.

2.2.2. Oponibilidade ao exercício do direito de denúncia

a) Oponibilidade pelo arrendatário

Mas a tutela do arrendatário, manifestada nos apertados requisitos para a denúncia, expressa-se ainda pela aplicabilidade – e portanto a

---

[29] Podendo aqui discutir-se se deve correr por apenso à acção de despejo ou processado como um mero incidente. Ver ARAGÃO SEIA, Arrendamento Urbano, cit., p. 527.

manutenção em vigor – do art. 107.º RAU (que deve agora ler-se em conformidade com a alínea a) do art. 1101.º NRAU) por força do art. 26.º, n.º 4, al. a) NRAU[30].

O art. 107.º RAU – que tem como epígrafe "limitações" – consagra em bom rigor impedimentos a invocar pelo arrendatário ao direito de denúncia (justificada) do senhorio, que, reforce-se, apenas actuam nos casos em que aquele necessita do imóvel para sua habitação ou dos seus descendentes em 1.º grau, a estes se equiparando os adoptados plenos (art. 1101.º, al. a) CC, NRAU)[31].

Enunciemos as hipóteses de oponibilidade pelo arrendatário aí previstas que operam de modo autónomo e apenas no quadro habitacional:
- a idade do arrendatário ser igual ou superior a 65 anos;
- independentemente da idade do arrendatário, o facto de este se encontrar numa situação de reforma por invalidez absoluta ou, não beneficiando da pensão de invalidez, de sofrer de uma incapacidade total para o trabalho ou de ser portador de deficiência a que corresponda incapacidade superior a dois terços;
- a circunstância de o inquilino, nessa qualidade, se manter no local arrendado há mais de 30 anos ou por um período de tempo mais curto previsto em lei anterior e decorrido na vigência desta (art. 107.º, n.º 1, als. a) e b) RAU).

Aduza-se ainda que as vicissitudes que permitem a oposição ao exercício do direito de denúncia pelo senhorio se aferem "no momento em que [essa denúncia] deva produzir efeitos..." (art. 107.º, n.º 1, proémio, 2ª frase RAU).

Exemplifiquemos: o locatário tem 64 anos e 9 meses ao tempo da instauração da acção judicial que visa a cessação do contrato, mas entretanto já perfez os 65 anos; a denúncia deve ser feita "com antecedência não inferior a 6 meses sobre a data pretendida para a desocupação"; ora, não é aquele o instante relevante para apreciar o motivo da oponibilidade do inquilino, mas o da decisão judicial transitada em julgado.

---

[30] Sem prejuízo naturalmente da possibilidade de contestação de cada um dos requisitos invocados pelo senhorio para justificar a denúncia.

[31] O proémio do art. 107.º, n.º 1 RAU consagra que "o direito de denúncia do contrato de arrendamento, facultado ao senhorio pelas alíneas a) e b) do n.º 1 do art. 69.º, não pode ser exercido quando no momento em que deva produzir efeitos..." (sublinhado nosso). Ora, estas alíneas correspondem à al. a) do art. 1101.º CC, NRAU.

Decorre daqui uma tutela absoluta do arrendatário, que pode opor ao senhorio qualquer das circunstâncias assinaladas para evitar o abandono do imóvel.

A sua justificação é relativamente compreensível.

As situações previstas na al. a) levam em conta a especial fragilidade do inquilino. A idade avançada, a reforma por invalidez absoluta, a incapacidade total para o trabalho ou a deficiência grave (que corresponda a uma incapacidade superior a 2/3) acentuam a importância dada ao estado da pessoa.

Quanto à alínea b), a protecção do inquilino tem na sua base um critério temporal. A sua permanência no locado, na qualidade de arrendatário, por período igual ou superior a 30 anos (ou a 20 anos em razão da disciplina do passado mais longínquo) motiva aquela. Para o legislador, retirar àquele o peso da vivência no prédio durante o lato período de tempo mostra-se pouco razoável.

A tutela vinculista é, pois, levada ao extremo. A posição do arrendatário habitacional é inatacável, apesar da verificação do exigente circunstancialismo que subjaz a esta específica forma de denúncia.

b) Oponibilidade pelo cônjuge arrendatário

Uma das vicissitudes previstas no art. 107.º, n.º 1 RAU pode beneficiar o cônjuge do arrendatário para quem se transmitiu a posição deste – ao abrigo do(s) art(s). 84.º (e 85.º) RAU.

O cônjuge, agora locatário, retira também vantagens da sua posição de especial fragilidade (a idade avançada, a invalidez absoluta, a incapacidade total para o trabalho ou a deficiência) – art. 107.º, n.º 1 RAU.

Note-se que, por via do divórcio, e no pressuposto de que o anterior inquilino, seu cônjuge, não usufruiria – por não se verificar nenhum dos requisitos do art. 107.º, n.º 1, al. a) RAU – do mecanismo da oponibilidade ao exercício do direito, pode gerar-se uma situação mais gravosa para o senhorio, que se vê sujeito a manter o contrato de arrendamento.

Repare-se ainda que, por efeito da cessão, se conta a favor do cônjuge, novo arrendatário, o número de anos do antigo inquilino (seu cônjuge). O prazo de 30 anos é desta sorte fraccionado, apesar de o locatário nem sempre ser o mesmo (art. 107.º, n.º 2 RAU).

E isto parece realizar-se sem limites de nenhuma ordem. Imaginemos o seguinte exemplo: A casou com B em 1985; o divórcio, entre eles, ocorreu em 1990; o outro cônjuge, por acordo, passou a residir no locado; em 2000, o novo arrendatário casa com C; em 2007 divorciaram-se; o outro cônjuge passou a residir no prédio. Ora, este último beneficia igualmente do regime em apreço.

c) Oponibilidade pelo unido de facto

Pode questionar-se se aquele que vivia em união de facto com o inquilino retira vantagens da mesma protecção ampla do cônjuge.

O art. 4.º, n.º 3 Lei 7/2001 dispõe que, "em caso de separação, pode ser acordada entre os interessados a transmissão do arrendamento em termos idênticos aos previstos no n.º 1 do artigo 84.º do Regime do Arrendamento Urbano [cfr. o actual e equivalente art. 1105.º, n.º 1, CC, NRAU]"[32]. Deve concluir-se coerentemente pela aplicabilidade do art. 107.º RAU.

O unido de facto pode usufruir de qualquer das circunstâncias aí previstas, e em especial, no que toca ao prazo de 30 anos, do decurso do tempo de que o transmitente já beneficiasse.

2.2.3. Casos omissos

O NRAU é omisso, em sede de direito transitório, quanto aos arts. 108.º e 109.º, integrados também na Subsecção III do RAU, com o título "das limitações ao direito de denúncia".

O art. 108.º alude a uma "excepção às limitações", ao passo que o art. 109.º trata da "exclusão do direito de denúncia".

Na lógica da citada subsecção, as restrições a invocar pelo arrendatário "não subsistem quando o senhorio, sendo já proprietário, comproprietário ou usufrutuário do prédio ou de parte do prédio à data do seu arrendamento, pretenda regressar ou tenha regressado há menos de um ano ao País, depois de ter estado emigrado durante, pelo menos, 10 anos" (art. 108.º RAU).

---

[32] Se não houver acordo entre os interessados, o art. 84.º, n.º 2 RAU [cfr. o equivalente art. 1105.º, n.º 2 CC, NRAU] "é aplicável à união de facto se o tribunal entender que tal é necessário, designadamente tendo em conta, consoante os casos, o interesse dos filhos ou do membro sobrevivo" (art. 4.º, n.º 4 Lei 7/2001).

O NRAU não se refere agora ao citado normativo. A conclusão que se retira é a de que a tutela do senhorio emigrante cai, pois o inquilino pode continuar a opor-lhe as vicissitudes do art. 107.º RAU[33].
Situação semelhante se verifica no 109.º RAU. A criação intencional pelo locador dos requisitos do art. 71.º RAU (agora art. 1102.º al. a) CC, NRAU) excluía a faculdade de denúncia motivada.

Ora, nas normas transitórias não se alude a esta disposição. A resposta à qual chegamos é idêntica à anterior, mas o beneficiário é outro: o senhorio retira a vantagem da omissão do legislador.

Não se compreende o alcance da reforma. As duas regras tutelavam interesses opostos e mostravam-se razoáveis e adequadas à protecção de ambas as partes.

§ 2. TRANSMISSÃO DA POSIÇÃO CONTRATUAL POR MORTE DO ARRENDATÁRIO

1. A transmissibilidade como regra

1.1. *A opção legislativa*

Importa agora saber o que sucede ao contrato vinculista por morte do arrendatário habitacional.

O art. 26.º, n.º 2 NRAU (também aplicável *ex vi* art. 28.º do mesmo diploma) efectua uma remissão expressa para o art. 57.º NRAU que trata da temática. Neste se contemplam todos os contratos de arrendamento para habitação "sem duração limitada" (tenham eles sido, no passado, concluídos à luz do CC ou no quadro do RAU).

O art. 57.º, n.º 1, proémio NRAU, empregue a qualquer contrato vinculista, inverte os parâmetros do art. 1051.º, al d) CC, pois determina que "o arrendamento para habitação não caduca por morte". A mesma solução – a transmissão da posição contratual – vigora no âmbito do art. 1106.º CC, NRAU. Todavia, em relação a este, o art. 57.º NRAU é mais limitativo.

---

[33] Neste sentido, MENEZES LEITÃO, Arrendamento Urbano, cit., p. 125.

Acolhe-se assim, nesta norma transitória, a continuidade do arrendamento, exactamente nos mesmos termos e com o mesmo alcance. Permanece intocado o principal elemento vinculista, que impede o senhorio de pôr termo ao contrato a qualquer momento e sem justificação.

1.2. *A transferência do ponto de vista do arrendatário*

A transferência está subordinada a um conjunto variado de requisitos. Em primeiro lugar, analise-se a questão sob o prisma do transmitente.

Para que ocorra a cessão da posição contratual, o falecido deve ser o "primitivo arrendatário" (art. 57.º, n.º 1, proémio NRAU).

A medida decretada tem o seguinte alcance: a tutela daquela vertente vinculista efectua-se por referência ao contraente originário. É legítima a conclusão de que, com a limitação imposta, a transmissão da posição de arrendatário, em princípio, só pode ocorrer uma vez[34]. Só o que se lhe segue merece protecção igual[35].

O decesso do locatário habitacional à luz do RAU (nos termos do art. 85.º, que teve duas redacções distintas, por força do alteração resultante da Lei 135/99, de 28 de Agosto), ou do próprio Código Civil (ao abrigo do antigo art. 1111.º), que tenha provocado a sucessão na sua posição jurídica para uma das pessoas que preenchiam os requisitos legais, impede agora, à morte do beneficiário (novo inquilino àquele tempo), a transferência.

As mesmas considerações valem no caso de transmissão da posição de arrendatário por divórcio ou na sequência de separação judicial de pessoas e bens, de acordo com as regras do passado (cfr. o revogado art. 84.º RAU ou o velho art. 1110.º CC).

Percebe-se a lógica do preceito. O primordial elemento vinculista só se mantém se houver motivos fortes que o exijam. Em todas as outras hipóteses é o interesse do senhorio que prevalece, pois o contrato extingue-se por caducidade.

Se esta interpretação se compreende, não se pode deixar de suscitar uma eventual equiparação do cônjuge do arrendatário primitivo a este último.

---

[34] Os desvios a esta regra são analisados no ponto seguinte.

[35] Cfr. LAURINDA GEMAS, ALBERTINA PEDROSO e JOÃO CALDEIRA JORGE, Arrendamento Urbano, Novo regime anotado e legislação complementar, Lisboa, 2006, p. 239.

Como sabemos, os contratos de arrendamento do pretérito eram na sua larguíssima maioria celebrados – na constância do matrimónio – pelo marido, não intervindo naqueles a mulher, que não os subscrevia e se mantinha – por razões estranhas à contratação – à margem do negócio. Era apenas uma circunstância formal, fruto da assunção pelo homem da chefia da casa, que determinava a exclusão da mulher da qualidade de contraente.

Ora, não parece fazer sentido que a transmissão para esta – nas circunstâncias descritas – à luz do regime na altura vigente (RAU ou até o Código Civil) seja vista como uma verdadeira cessão para este efeito. Repare-se nas consequências que daí resultariam: o seu falecimento no quadro do NRAU impediria a transmissão para os ascendentes ou para os filhos.

Não devemos ater-nos a este formalismo, que cria obstáculos à transmissão para outrem à luz do NRAU, designadamente para os ascendentes ou para os filhos. Parece-nos dever equiparar-se a mulher – que apenas não assinou o contrato – ao arrendatário primitivo (apesar da transmissão da posição de arrendatário à luz das leis do pretérito), para efeito de aplicabilidade do art. 57.º NRAU.

1.3. *Os beneficiários da transmissão*

1.3.1. *A hierarquia em geral*

Enuncia-se, posteriormente, um conjunto de pessoas que podem beneficiar dessa protecção. A ordem consagrada no normativo não é aleatória, mas tem uma sequência definida e com implicações várias.

Tutela-se, de acordo com as várias alíneas do art. 57.º, n.º 1 NRAU, as seguintes pessoas:
- o cônjuge que residia com o inquilino (al. a));
- aquele que com ele vivia em união de facto, com residência no locado (al. b));
- o ascendente que com ele convivesse há mais de um ano (al. c))[36];

---

[36] No caso de serem dois os ascendentes, há igualmente transmissão por morte da posição de arrendatário entre eles (art. 57.º, n.º 3 NRAU).

- o filho ou o enteado com menos de 1 ano de idade (al. d));
- o filho ou o enteado com menos de 18 anos, mas que com o inquilino convivesse há mais de um ano (al. d));
- o filho ou o enteado com idade inferior a 26 anos, mas que frequente o 11.º ou o 12.º ano de escolaridade ou eventualmente um estabelecimento de ensino médio ou superior (al. d));
- o filho ou o enteado com idade igual ou superior a 18 anos, que convivesse com o locatário há mais de um ano, desde que portador de deficiência com grau comprovado de incapacidade superior a 60% (al. e)).

Cabe tecer algumas observações antes da análise, em especial, do normativo.

Como se constata, o leque de transmissários não integra todas as classes de sucessíveis, como seria de prever. Apenas se abarcam o cônjuge, o unido de facto, os ascendentes e os filhos (mas já não todos os descendentes), invertendo-se, de resto, a ordenação sucessória: os ascendentes têm primazia no confronto com os descendentes (filhos) – cfr. art. 2157.º CC e art. 2133.º CC.

Mas, para além dos herdeiros, contemplam-se outros sujeitos que não fazem parte das classes de sucessíveis: os enteados.

Acresce que não é feita referência expressa aos adoptados (ao contrário do que sucede no art. 2.º, n.º 2 DL 158/2006, diploma conexo que regula a determinação do rendimento anual bruto corrigido e do subsídio de renda).

Para analisar esta questão, deve começar por distinguir-se as duas modalidades enunciadas na lei civil, constantes dos arts. 1979.º ss. e dos arts. 1992.º ss. – todos do CC –, para as valorar depois no quadro do art. 57.º NRAU.

Na adopção plena, aqueles "adquire[m] a situação de filho do adoptante e integra[m]-se com os seus descendentes na família deste" (art. 1986.º, n.º 1, 1ª parte CC).

Em face desta equiparação absoluta, não pode deixar de se concluir pelo ingresso do(s) adoptado(s) nas alíneas d) e e) do art. 57.º, n.º 1 NRAU. Não há aqui que os diferenciar dos filhos não adoptados.

Na adopção restrita, "o adoptado não é herdeiro legitimário do adoptante" (art. 1999.º CC), mas é chamado à sucessão, na qualidade de herdeiro legítimo daquele, "na falta de cônjuge, descendente ou ascendente" (art. 1999.º, n.º 2 CC).

A solução era discutida na doutrina, no quadro do RAU, equiparando uns – por via da interpretação extensiva – os adoptados restritos aos descendentes em primeiro grau[37], ao passo que outros manifestavam dúvidas quanto a essa solução[38].

Em relação a esta modalidade de adopção, e seguindo o critério utilizado em sede sucessória, consideramos que o adoptado restrito não pode ser equiparado ao filho, já que não é sequer um herdeiro legitimário. Mas, por outro lado, tem juridicamente *mais peso* (considerando a perspectiva do arrendatário transmitente) que o enteado, pois pode suceder--lhe como herdeiro legítimo. Situar-se-á, acolhendo a via por nós usada, num ponto intermédio entre o filho e o enteado. Aliás, é essa a ordem que decorre do art. 2.º, n.º 2 DL 158/2006, embora este aluda singelamente a "adoptado".

1.3.2. A hierarquia em especial

Estudemos, em seguida, de forma individual cada um dos elementos da hierarquia e as questões conexas.

a) Cônjuge

No topo da pirâmide encontra-se o cônjuge residente no imóvel arrendado.

Basta assim que seja casado com o inquilino, que resida no locado, não sendo sequer exigível um período mínimo de convivência para efeito da transferência da posição de arrendatário[39].

Todavia, nada se refere quanto a situações próximas, já que apenas se alude ao "cônjuge".

A premissa de que partimos, na análise a efectuar, é a de que o locatário abandonou o prédio, tendo aí permanecido o seu cônjuge.

---

[37] ARAGÃO SEIA, Arrendamento Urbano, cit., p. 584 (os laços afectivos e os vínculos jurídicos resultantes, no âmbito do exercício do poder paternal, sem descurar o aspecto sucessório e o dever de alimentos que incluía as necessidades relativas à habitação serviam para justificar a mencionada interpretação).

[38] PEREIRA COELHO, "Breves notas ao regime do arrendamento urbano", RLJ, n.º 131, p. 231 (conquanto de acordo com a lei do pretérito o adoptado restrito beneficiasse de direito a novo arrendamento).

[39] Não é compatível a concessão de direitos conjugais com o decurso do tempo.

Vejamos, em primeiro lugar, o que ocorre na pendência da acção que visa a separação judicial de pessoas e bens, regulada nos arts. 1794.º ss. CC.

Esta medida "não dissolve o vínculo conjugal, mas extingue os deveres de coabitação e assistência". Quanto aos bens, "produz os efeitos que produziria a dissolução do casamento". Note-se ainda que pode cessar pela reconciliação ou pela dissolução do casamento (art. 1795.º-B CC).

Ora, se em vida é transmissível, por acordo ou na sua falta por decisão do tribunal, a posição de arrendatário, pensamos que na pendência do processo judicial em causa pode igualmente, falecendo o inquilino, operar tal transferência.

Quid juris quanto à simples separação judicial de bens, prevista nos arts. 1767.º ss. CC? O seu fundamento consiste no risco de perder o que é seu "pela má administração do outro cônjuge". O decesso do locatário não suscita dúvidas quanto à cessão da sua situação jurídica para o cônjuge.

No caso da mera separação de facto – pelo abandono do inquilino que, entretanto, faleceu –, o cônjuge beneficia da transferência da posição jurídica daquele[40].

A mesma lógica emprega-se ao arrendatário ausente, do qual não há notícias.

Já o mero afastamento por razões profissionais (necessidade de habitação num outro local em função da colocação), de doença, de índole académica (ausência no estrangeiro para realização de uma pós-graduação) não oferece dificuldades. Há lugar à transmissão em caso de morte do inquilino.

---

[40] As situações de separação de facto descritas no Código Civil não relevam neste contexto.

O art. 1782.º, n.º 1 CC dispõe que "há separação de facto [para efeito da contabilização do prazo de três anos consecutivos que dá lugar ao divórcio] quando não existe comunhão de vida entre os cônjuges e há da parte de ambos, ou de um deles, o propósito de não a restabelecer".

Por sua vez, a al. b) do art. 1781.º CC alude ainda como fundamento do divórcio litigioso, à "separação de facto por um ano se o divórcio for requerido por um dos cônjuges sem oposição do outro".

b) A pessoa que vive em união de facto

i) A união de facto

Curemos agora daquele que vive em união de facto com o arrendatário.

A protecção emergente do art. 57.º, n.º 1, al. b) NRAU ocorria já no regime do pretérito (art. 85.º, n.º 1, al. c) RAU). Todavia, agora consagra-se uma especialidade: tal sujeito ascende ao segundo lugar dos sucessíveis por troca com os descendentes.

O seu conceito não prescinde do estipulado na Lei 7/2001, de 11 de Maio. Entende-se como tal a "situação jurídica de duas pessoas, independentemente do sexo, que vivam em união de facto há mais de dois anos" (art. 1.º, n.º 1).

Há que atender, no entanto, aos impedimentos à produção dos efeitos jurídicos – e deste em particular – da união de facto. Assim, a idade inferior a 16 anos, a demência notória, mesmo nos intervalos lúcidos, e interdição ou inabilitação por anomalia psíquica, o casamento anterior não dissolvido (ressalvado o caso de ter sido decretada a separação judicial de pessoas e bens), o parentesco na linha recta ou no segundo grau da linha colateral ou afinidade na linha recta e a condenação anterior de uma das pessoas como autor ou cúmplice por homicídio doloso ainda que não consumado contra o cônjuge do outro, configuram hipóteses deste tipo (art. 2.º, als. a) a e) Lei 7/2001).

ii) O prazo; a residência no locado

Questionar-se-á qual o período temporal da vivência em união de facto que permite a uma dada pessoa beneficiar da transferência da posição de arrendatário.

Vejamos os contornos do problema nos vários preceitos arrendatícios, do passado e do presente, procurando a sua compatibilização com o regime jurídico geral.

O art. 1106.º, n.º 1, al. a) CC, NRAU relativo à transmissão por morte, tutela a "pessoa que com o arrendatário vivesse no locado em união de facto e há mais de um ano". A lei é omissa quanto ao prazo da união de facto, como que remetendo para a Lei 7/2001. Contudo, não deixa de exigir um outro prazo: a vivência no prédio há pelo menos um ano e um dia.

O art. 85.º, n.º 1, al. c) RAU – alterado pela Lei 7/2001 – determinava, por sua vez, que a união de facto decorria da vivência "há mais de dois anos".

Ora, a Lei 7/2001 que adopta medidas de protecção das uniões de facto, acolhe – no art. 1.º, n.º 1, parte final – o mesmo critério temporal: os seus benefícios só se verificam ao fim de 2 anos de vivência.

A norma transitória – o art. 57.º, n.º 1, al. b) NRAU – não nos fornece qualquer indicação quanto ao período temporal em causa. Por outro lado, não impõe qualquer período de residência no locado, como o faz o art. 1106.º CC, NRAU.

É de destacar que, relativamente a todos os outros transmissários (que sucedem àquele na hierarquia – ascendentes, filhos ou enteados) se exige o convívio com o arrendatário há mais de um ano.

Dois problemas se levantam: o prazo da união de facto e o período da vivência no imóvel. Relativamente àquele, parece ser a Lei 7/2001 a fixá-lo. Quanto a este, não nos parece que a omissão do legislador signifique a aplicação do prazo mínimo de vivência (pelo menos de 366 dias) ínsito no art. 1106.º, n.º 1 CC, NRAU. Compete assim ao unido de facto fazer a competente prova de tais circunstâncias.

c) Ascendente

Em relação ao(s) ascendente(s), a transmissibilidade da posição de arrendatário habitacional só se verifica se existir o convívio com o inquilino "há mais de um ano".

Basta o simples "convívio", não aludindo sequer o art. 57.º, al. c) NRAU à residência.

O conceito de convivência encontra-se relativamente estabilizado na nossa ordem jurídica. O revogado RAU a ele aludia. A doutrina e a jurisprudência consolidaram-no.

Pressupõe-se um agregado familiar com alguma estabilidade e a ocupação conjunta do locado, de acordo com as circunstâncias concretas em que as pessoas vivem e se relacionam. No fundo, trata-se do viver de perto, no dia-a-dia entre determinadas pessoas. Pode falar-se da partilha de uma certa intimidade, de uma certa proximidade entre os habitantes do locado.

O prazo de um ano e um dia é o razoável e o adequado para atribuir a protecção ao ascendente. Deve ele ser tendencialmente contínuo, embora se admitam aqui hiatos curtos de ausência do locado (*v.g.*, o beneficiário esteve hospitalizado 15 dias).

Mas é absolutamente imprescindível o convívio há mais de um ano à data da morte do inquilino? Dito de outro modo, se o ascendente tivesse já no passado recente convivido até durante mais tempo com o arrendatário (por hipótese, durante 3 anos), tendo regressado depois a casa de um outro filho e tivesse retornado ao prédio – há apenas 5 meses por referência à data do seu falecimento –, merece ele protecção?

Entendemos que não. Literalmente, o ascendente não pode retirar vantagem. Alude-se àquele que "com ele [arrendatário] convivesse... [há data da morte]". Também sob o prisma racional falha a aplicação do normativo, já que não há efectiva continuidade. Por outro lado, pode haver outras pessoas, na linha dos transmissários, que preencham os requisitos legais e que merecem até o benefício.

A vantagem estende-se ainda ao ascendente do ascendente que eventualmente habite com o arrendatário (que faleceu) nas mesmas circunstâncias.

Aliás, no caso de o ascendente directo não conviver com o inquilino, a regra emprega-se ao ascendente deste que se encontre nas condições previstas na disposição.

A sua idade avançada terá determinado tal interpretação. Dito de outro modo, o vinculismo, que se mantém, vigorará por um período tempo, à partida, reduzido.

No entanto, a subida na hierarquia do ascendente, ocupando o segundo lugar na linha dos transmissários – à frente dos filhos –, é muito discutível.

d) O filho ou o enteado

A disposição em apreço – na al. d) – protege ainda os filhos e os enteados do arrendatário primitivo, regulando-se aí 3 categorias distintas.

Tutela-se, desde logo, o recém-nascido com menos de um ano de idade à data do decesso do inquilino, sem que se exijam outros requisitos (designadamente um dado período de convívio[41]). O que se percebe tendo

---

[41] Como afirma ARAGÃO SEIA "poder-se-á dar o caso de o descendente ter ficado em tratamento no hospital ou ter sido entregue a uma ama por ter corrido mal o parto da mãe ou para amamentar nos primeiros tempos, nunca tendo convivido com o ascendente" (Arrendamento Urbano, cit., p. 583).

em conta a sua tenra idade. Porém, a faceta vinculista parece permanecer ao longo de toda a sua vida, o que não deixa de ser excessivo.

Textualmente, a al. d) não alude aos nascituros. Se à data da morte do arrendatário, aquele que se encontra já concebido – e, por hipótese, está prestes a nascer – não está englobado no quadro dos transmissários.

O legislador actual não se pronuncia, tal como o não fazia já à luz do RAU. De todo o modo, aí alguma doutrina entendia que a protecção dos nascituros estava abrangida "na letra e no espírito da lei", invocando-se para o efeito os arts. 1855.º e 2033.º, n.º 1 CC (e a sua personalidade limitada ou fraccionada). Claro que sob a condição do seu nascimento completo e com vida (art. 66.º CC)[42].

Acompanhamos a orientação expendida, atendendo à razão de ser do normativo. O propósito é o de conceder um benefício a quem se encontra numa débil posição em razão da sua tenra idade. Ora, tanto o recém-nascido de um mês, como aquele que foi já concebido (e que nasce nos termos descritos), estão numa situação materialmente semelhante.

Numa segunda hipótese, engloba-se o menor de idade que convive com o inquilino há mais de um ano. Para além do requisito da *não maioridade* à data da morte do arrendatário, acolhe-se a regra do convívio há mais de um ano, tal como sucede com o ascendente.

Esse período deve contabilizar-se continuamente, o que não quer dizer que o menor não possa regressar ao locado onde habita o arrendatário. Há que analisar as circunstâncias em que o fez. Portanto, não basta a menoridade. O menor de 17 anos e 10 meses que agora regressou a casa, mas que dela se ausentou aos 16 anos e 2 meses (porque, *v.g.*, casou), não preenche o segundo elemento.

Pode igualmente discutir-se o que sucede no caso do menor (com idade igual ou superior a 16 anos) emancipado pelo casamento (art. 132.º CC), que reside no imóvel com o inquilino.

Há que confrontar duas situações: aquela em que o menor tem autorização dos pais para o acto (sendo aqui inteiramente equiparado ao maior), daquela outra em que não foi dado o consentimento. Interessa-nos aquela, pois aqui, à partida, o emancipado não viverá no locado.

---

[42] Pereira Coelho, "Breves notas ao regime do arrendamento urbano", cit., p. 231, nota 78.

É legítima a conclusão de que o arrendamento se transmitirá por morte, nas condições previstas no normativo (ou seja, desde que haja convivência há mais de um ano com o arrendatário que faleceu e de acordo com os restantes números do preceito). No casamento autorizado, a situação terá que preencher os requisitos, da parte final do art. 57.º, n.º 1, al. d) (ou eventualmente da al. e)) CC, NRAU.

A terceira situação – regulada na mesma alínea – protege o filho (ou o enteado) maior de idade. Mas não o faz sem mais. A primeira exigência é de cariz temporal. A idade deve ser inferior a 26 anos (à data da morte do inquilino). A segunda valoriza a frequência académica, não descurando ainda, em certa medida, o seu grau (o 11.º ou o 12.º ano de escolaridade ou a inscrição num estabelecimento de ensino médio ou superior). Trata-se de um incentivo à continuidade dos estudos por parte do filho (ou do enteado) maior. Não se consagra expressamente o requisito do "convívio há mais de um ano", mas não deve desconsiderar-se. Ele perpassa todo o normativo, merecendo destaque especial nas als. d) e e) do art. 57.º NRAU, que tratam a temática. De resto, não faria sentido que se prescindisse deste elemento na lógica da disposição e do que com ela se pretende. O filho maior, com 20 anos, não adquire a qualidade de novo arrendatário se, *v.g.*, já não habita o locado à data da morte do seu pai. Aliás, não mereceria sequer a vantagem que a lei lhe concede.

e) O filho ou o enteado (cont.)

Por fim, transfere-se a posição arrendatícia para o filho ou para o enteado nas seguintes circunstâncias cumulativas: deve ter idade igual ou superior a 18 anos; deve conviver há mais de um ano com o arrendatário; deve ser portador de deficiência com grau comprovado de incapacidade superior a 60% (art. 57.º, n.º 1, al. e) NRAU).

Quanto ao primeiro aspecto, a limitação da idade é apenas inferior (a menoridade). Inexiste qualquer limite superior. Por exemplo, o filho de 40 anos é um potencial beneficiário da transmissão.

Por outro lado, mantém-se, coerentemente, o requisito da convivência há mais de um ano.

Exige-se ainda – sendo este o pressuposto distintivo e o mais decisivo – para efeito da transmissibilidade que o sujeito em causa seja portador de deficiência com grau comprovado de incapacidade superior a 60%.

1.4. Modos de transmissão

1.4.1. Transmissão vertical

a) Os critérios

Cabe apreciar o modo de transmissão da posição de arrendatário por morte em razão das várias hipóteses reguladas no n.º 1 do art. 57.º NRAU.
O n.º 2 estabelece vários critérios de prioridade.
Relevam-se os de carácter vertical.
Um define as primeiras prioridades, a saber: a transferência dá-se "pela ordem das respectivas alíneas" (1ª parte do n.º 2 do art. 57.º NRAU).
A sequência lógica estabelecida toca potencialmente todas as alíneas (cônjuge ou unido de facto, ascendente, filho e enteado)[43].
Exemplifiquemos:

- se sobrevive ao inquilino viúvo, que agora morreu, o ascendente e o filho de 17 anos que com ele conviviam, então é aquele o transmissário da posição contratual;
- se com o arrendatário, entretanto falecido, conviviam o ascendente há menos de um ano e o enteado há mais de 3 anos, é para este que se transfere a situação locatícia.

b) O problema da prioridade filho/enteado

Não se resolve expressamente o problema da prioridade entre filhos e enteados. Mas pode retirar-se do texto legal implicitamente um critério.
A sequência empregue em todos os números e alíneas que se referem ao tema não pode ser descurada: "filho ou enteado" (n.º 1, al. d) e al. e), n.º 2, *in fine*, n.º 3, parte inicial, todos do art. 57.º NRAU[44]). Portanto, na hierarquia considerada aquele vem sempre em primeiro lugar.
Por outro lado, o argumento racional que se baseia na ligação biológica é prevalente: a relação pai/filho é mais próxima do que a relação pai//enteado.

---

[43] A figura do ascendente não estava prevista no Anteprojecto NRAU de 2005.

[44] Ver ainda a mesma sequência num dos diplomas conexos: o art. 2.º, n.º 2 DL 158//2006.

1.4.2. *Transmissão horizontal*

a) O concurso de sujeitos ao mesmo nível

O outro critério resolve um outro tipo de questões: a primazia de cariz horizontal entre várias pessoas.

Portanto, tratar-se-á de sujeitos que concorrem ao mesmo nível pela transmissibilidade.

Atribui-se a preferência, "em igualdade de condições, sucessivamente, [a]o ascendente, [ao] filho ou [ao] enteado mais velho".

Este é um critério parcial e complementar do primeiro. Mas abrange apenas as três últimas alíneas do art. 57.º, n.º 1 NRAU.

Resolve eventuais conflitos derivados da existência, à data da morte do locatário, de ascendentes ou de filhos ou de enteados cuja sucessão seja entre eles possível.

Usam-se dois sub-índices (sendo que o primeiro é excludente) para preencher este critério: a igualdade de condições; o sujeito mais velho.

Se à data da morte do inquilino existem dois ascendentes em circunstâncias desiguais quanto à transmissão, então só o que preenche os critérios é que tem direito à transmissão.

Figuremos alguns exemplos:

- os ascendentes estão divorciados; um deles convive com o arrendatário há mais de um ano;
- dos 3 filhos do inquilino apenas um convive com ele desde a data do nascimento; os outros já se ausentaram de casa, *v.g.*, há mais de 5 anos.

Em ambas as hipóteses, o requisito da igualdade não está preenchido.

Quando existam circunstâncias semelhantes, estabelece-se uma preferência pelo mais velho.

O factor idade é, pois, determinante. Entre dois ascendentes, três filhos ou dois enteados, a transmissão dá-se a favor daquele que tem mais idade (o ascendente, o filho ou o enteado mais velho).

Na renúncia de um deles, a transferência obedece à hierarquia estabelecida e ao critério enunciado (ao mais velho que lhe sucede).

b) O problema da prioridade filho/enteado

Uma questão permanece em aberto na transmissão horizontal em razão dos vários – ou melhor dos 3 – índices expostos na alínea d): a prevalência dada aos filhos deve considerar todas as 3 condições previstas e só esgotadas estas se pode falar de uma eventual transmissão para os enteados de acordo com esses requisitos ou, ao invés, a sequência – filho e depois enteado – deverá ser apreciada em relação a cada um dos critérios?

Vejamos um exemplo: à morte do arrendatário primitivo com ele conviviam o filho, maior, de 24 anos (que frequenta o 11.º ano de escolaridade) e o enteado de 15 anos (que convive há mais de um ano).

A nosso ver, o arrendatário sucessivo será o filho. Deve esgotar-se a hierarquia vertical prevista na disposição (al. d) do art. 57.º, n.º 1 NRAU) em relação ao descendente em 1.º grau. Só depois se deve considerar a mesma ordenação em relação ao enteado.

A ligação próxima do ascendente – que era, relembre-se, o arrendatário primitivo – ao filho deve relevar-se.

1.4.3. *Transmissão sucessiva*

Está agora em causa a transmissão da posição de arrendatário para àqueles que, estando em condições à data da morte do inquilino originário, foram *preteridos* em razão dos critérios empregues.

a) Transmissão entre ascendentes

A primeira situação é a da transmissão entre ascendentes quando sobrevive ao arrendatário "mais de um" (art. 57.º, n.º 3 NRAU).

Ao tempo do falecimento do locatário primitivo – o n.º 3 não o refere expressamente, mas assim se deve entender – podem sobreviver não só os pais como ainda os avós. O convívio há mais de um ano e o factor idade definem os termos da transmissibilidade.

Por morte do sucessivo arrendatário há lugar à transmissão entre os ascendentes do originário arrendatário – que aqui é sucessiva e é horizontal.

Vejamos um exemplo: o avô viúvo, para quem se comunicou a posição de arrendatário, falece; a cessão dessa situação dá-se para o pai do primitivo inquilino.

Se o primeiro transmissário posteriormente casar ou viver em união de facto, à data da sua morte, o seu cônjuge (ou aquele que com ele está unido de facto) actual não beneficia da transferência da posição arrendatícia.

Retiramos um argumento de texto nesse sentido: "quando ao arrendatário [primitivo] <u>sobreviva mais de um</u> ascendente..." (sublinhado nosso). Ora, ao tempo do falecimento apenas havia um possível sucessor. Não se pode agora atribuir a outrem essa qualidade, por virtude de casamento (ou união de facto) ulterior.

Se ao locatário sobreviveram os seus pais, tendo-se transmitido a sua posição para o mais velho, e se estes entretanto se divorciaram (tendo o mais novo abandonado o imóvel), também a transmissão não pode operar entre eles, apesar de à data da morte do originário inquilino as condições estarem preenchidas.

b) Transmissão a favor dos filhos ou dos enteados

Analise-se, em seguida, a "transmissão a favor dos filhos ou dos enteados do primitivo arrendatário" (art. 57.º, n.º 4, 1.º trecho NRAU).

Em primeiro lugar, o conjunto dos beneficiários abrangidos é aquele que tem por referência o originário locatário. Portanto, há data da morte deste estão definidos, desde logo, os potenciais inquilinos sucessivos.

Esta transferência pode ser igualmente de dois tipos: vertical ou horizontal.

Tratemos daquela em primeiro lugar.

A premissa de que partimos é agora a seguinte: ao tempo do falecimento do inquilino originário ter-lhe-á sobrevivido, o cônjuge (ou aquele que com ele vivia em união de facto) ou o ascendente, para quem se comunicou a situação arrendatícia.

O art. 57.º, n.º 4, 3.º trecho NRAU determina que a transmissão a favor dos filhos ou dos enteados se verifica "ainda por morte daquele a quem tenha sido transmitido o direito ao arrendamento nos termos das alíneas a), b) e c) do n.º 1".

Falecendo qualquer dos citados arrendatários, os filhos ou os enteados do primitivo inquilino estão protegidos.

Esse amplo arco de tutela é expresso por várias vias: por um lado, na locução " a transmissão .... verifica-se ainda"; por outro, na remissão que é efectuada no n.º 4 para os "números anteriores".

A transferência (horizontal) entre cada um dos grupos é abordada na parte final do n.º 4, que se refere à cessão a favor dos filhos ou dos enteados "nos termos do número anterior [o n.º 3]".

Ora, o citado n.º 3 dispõe que "quando ao arrendatário sobreviva mais de um ascendente, há transmissão por morte entre eles".

Aplicando o disposto neste número à hipótese em apreço teremos a seguinte situação: por morte do filho ou do enteado, a sua posição arrendatícia transfere-se aos outros filhos ou aos outros enteados.

Relativamente às condições exigidas para que a cessão opere, parece que não poderão ser outras que não as especificadas no art. 57.º NRAU atendendo ao momento da morte do arrendatário primitivo.

Esta solução permite perpetuar a vantagem vinculista mais importante, afigurando-se como muito pouco razoável.

1.5. *O direito dos potenciais transmissários a habitar o locado*

Há um outro problema que precisa de ser solucionado: o de saber se, apesar da cessão da posição de arrendatário para um dos sujeitos enunciados nas alíneas a) a e) do n.º 1 do art. 57.º, o(s) outro(s) sucessível(is) têm direito a habitar o imóvel.

A resposta parece ser afirmativa, até porque alguns dos designados também daquela beneficiam à morte do transmissário, com os mesmos condicionalismos (*v.g.*, o convívio há mais de um ano). Não faria sentido que se impusesse o abandono da casa, por exemplo, ao filho de 18 anos, ao enteado de 10 anos.

É evidente que circunstâncias várias podem motivar, mais tarde, a sua ausência do imóvel. A regra a aplicar, nestas hipóteses, será a de que se porventura os potenciais sucessíveis deixarem de habitar o locado por uma qualquer causa estranha (*v.g.*, porque entretanto casaram), perdem o direito ao arrendamento por morte do novo inquilino.

1.6. *A renúncia ulterior do novo arrendatário e o problema da transmissão*

Deve suscitar-se uma outra questão.

A premissa de que agora partimos é a seguinte: verificou-se a transmissão da posição de arrendatário à luz do art. 57.º NRAU, tendo sido um ou mais sujeitos, de acordo com os critérios legais, preteridos; alguns anos mais tarde, o inquilino actual, porque, *v.g.*, pretende uma casa maior, renuncia ao arrendamento, abandonando o locado. O conjunto de sucessíveis à data da morte do primitivo arrendatário (e que preenchiam os requisitos legais para a cessão) podem beneficiar agora dessa renúncia, sucedendo na posição daquele?

Não se resolve no art. 57.º NRAU, pelo menos directamente, o problema.

Alguns sinais afirmativos podem, contudo, retirar-se do citado normativo.

Prevê-se, por um lado, a transmissão por morte da situação jurídica de novo arrendatário (sucessivo). O que significa que um eventual decesso apenas se verifica muito mais tarde (provavelmente decorrerão um bom par de anos até que tal suceda). Ora, a renúncia é um *minus* em relação à morte.

Acresce que essa transferência é perspectivada de modo quase ilimitado: entre ascendentes, filhos e enteados.

Para além disso, admite-se até uma ordem de preferência quando aquele que tem direito ao arrendamento, na sequência da morte do inquilino originário, renuncia à transmissão.

Dir-se-á que a lei não pretende regular esta possibilidade e que este risco corre por conta dos potenciais arrendatários. Este argumento reveste alguma debilidade.

A nosso ver, a parte final do n.º 2 do art. 57.º NRAU é passível de interpretação extensiva.

1.7. Comunicação ao senhorio da transmissão

1.7.1. O dever de comunicação

O art. 57.º NRAU refere-se à transmissão da situação jurídica de arrendatário, mas em momento algum alude à sua comunicação ao locador.

Ao invés, o art. 58.º, n.º 2 NRAU (igualmente uma norma transitória), aplicável ao arrendamento não habitacional, impõe ao sucessor um dever de comunicação ao senhorio da vontade de continuar a exploração no prazo de três meses após a morte (verificado o condicionalismo de que depende o art. 58.º, n.º 1, 2ª parte NRAU).

De acordo com as referências efectuadas no art. 57.º NRAU – que determina, no seu n.º 1, que o "arrendamento para habitação não caduca", no seu n.º 2, que "a posição de arrendatário transmite-se ... às pessoas ..." ou, no seu n.º 3, que "...há transmissão por morte entre eles" – parece até sugerir-se a transferência automática e imediata da situação jurídica de arrendatário. Aliás, esta orientação sairia até reforçada do contraste com o similar normativo transitório quanto aos arrendamentos de cariz não habitacional (art. 58.º NRAU).

Não acolhemos, porém, esta argumentação. A omissão legal não importa a desnecessidade de notificação ao senhorio da transmissão da referida posição. Tratou-se de um mero esquecimento.

Aliás, no regime do pretérito dela não se prescindia.

O art. 1107.º CC, NRAU, que cura da disciplina semelhante para os contratos celebrados depois da entrada em vigor do NRAU, deve ser aqui empregue.

Também nele se refere que o "arrendamento para habitação não caduca", utilizando-se uma locução idêntica.

Acresce que este preceito vincula o transmissário à comunicação.

Os interesses do senhorio, por outro lado, exigem-no.

Mas o art. 1107.º CC, NRAU não alude à sua solenidade. Entendemos aqui aplicável o art. 9.º, n.ºˢ 1 a 6 NRAU, que regula algumas comunicações legalmente exigíveis entre as partes.

Embora esta disposição tenha o seu alcance limitado à cessação do contrato de arrendamento, à actualização da renda e às obras, pensamos que a continuidade do arrendamento impõe um formalismo semelhante. Não conduz à extinção do contrato, mas impede-a, mantendo aquele. Portanto, as razões que estão na sua base e o facto de operar *ex lege* determinam o mesmo grau de exigência.

Assim, deve ser realizada através de "escrito assinado pelo declarante e remetido por carta registada com aviso de recepção" (art. 9.º, n.º 1 NRAU) ou de "entreg[a] em mão, devendo o destinatário apor em cópia a sua assinatura, com nota de recepção" (art. 9.º, n.º 6 NRAU).

Há, por outro lado, que remeter um exemplar dos documentos comprovativos da cessão: por um lado, para demonstrar a morte do arrendatário, a certidão de óbito; por outro, para provar a sua qualidade de cessionário, a certidão de casamento ou a certidão de nascimento, no caso, respectivamente, do cônjuge ou do filho.

Impõe-se a sua efectivação no prazo de três meses a contar do decesso do arrendatário.

A inobservância do dever de entrega dos documentos que comprovem a transmissão do arrendamento ou o incumprimento do prazo geram uma obrigação de indemnizar o senhorio pelos danos derivados da omissão (art. 1107.º, n.º 2 CC, NRAU).

1.7.2. A renúncia à transmissão

A renúncia do primeiro transmissário determina igualmente a sua comunicação ao senhorio.

Esta renúncia deve ser notificada aos potenciais transmissários de forma atempada, para que estes possam actuar no prazo devido.

1.7.3. Conflito quanto à pessoa do transmissário

Se existe um conflito quanto à pessoa do transmissário, a notificação deve ser efectuada, na dúvida, por todos aqueles que se arrogam como beneficiários da transferência.

1.7.4. A transmissão sucessiva

A transmissão sucessiva por morte (por exemplo do ascendente) deve ser semelhantemente comunicada ao senhorio, nos mesmos termos em que o foi a primeira cessão.

Os efeitos da comunicação ou da sua falta são similares aos descritos, pelo que para aí remetemos.

2. Sujeitos excluídos da transmissão

Há, como se constata, um conjunto vasto de sujeitos excluídos da transmissão. Para nos auxiliar nesta tarefa e assim estabelecer uma ponte com o regime do revogado RAU, onde praticamente não havia restrições quanto à cessão da posição de arrendatário, servimo-nos da lei antiga para fazer o respectivo confronto.

No caso de falecimento do cônjuge sobrevivo (que não detinha a qualidade de inquilino originário, nem podia ser equiparado) a posição de arrendatário nunca se transfere para o novo cônjuge.

Quanto aos descendentes, há desde logo a limitação de grau. Só os filhos (ou os enteados) beneficiam, o que vale por dizer que os netos e os bisnetos não estão contemplados.

Acresce que alguns dos filhos (ou enteados) já não se encontram abrangidos. À partida, aqueles que têm idade igual ou superior a 26 anos não têm um regime de favor. Ressalvam-se os portadores de deficiência.

Também os filhos (ou os enteados) que não preencham um dos requisitos do art. 57.º, als. d) e e) NRAU se encontram excluídos da sucessão arrendatícia.

De igual sorte, as pessoas que convivessem com o arrendatário "em economia comum há mais de dois anos" são afastadas de uma possível transmissão da posição contratual (ver o antigo art. 85.º, n.º 1, al. f) RAU).

Quanto à noção de economia comum, importa ressalvar – de acordo com o conceito actual, previsto no art. 1093.º, n.º 2 CC, NRAU – algumas especificidades, em especial quanto a dois grupos de pessoas.

Em primeiro lugar, aqueles que vivem em união de facto integram o grupo de sujeitos incluído na definição. Ora, estes encontram-se tutelados, como vimos.

O segundo grupo é composto pelos "parentes ou afins na linha recta ou até ao 3.º grau da linha colateral, ainda que paguem alguma retribuição, e bem assim as pessoas relativamente às quais, por força da lei ou de negócio jurídico que não respeite directamente à habitação, haja obrigação de convivência ou de alimentos" (art. 1093.º, n.º 2 CC, NRAU).

3. Consequências da transmissão do arrendamento por morte

3.1. *Impossibilidade de denúncia imotivada pelo senhorio*

Interessa-nos abordar os efeitos da transmissão da posição arrendatícia por morte, à luz dos beneficiários previstos no art. 57.º NRAU.

Como se assinalou, o principal efeito vinculista mantém-se. A situação contratual transfere-se, em princípio, nos mesmos e exactos termos. Desta sorte, o senhorio está *vinculado à prorrogação forçada (ou imperativa) do contrato em relação a si* ou melhor[45] – de acordo com o NRAU – o senhorio não lhe pode pôr termo imotivadamente.

---

[45] Cfr. art. 68.º, n.º 2 RAU.

Não optou o legislador por fazer cessar o contrato por caducidade (na esteira do regime locatício geral resultante do art. 1051.º, n.º 1, al. d) CC), o que configuraria uma solução drástica em sede habitacional. Nem, por outro lado, se escolheu o caminho da sujeição por inteiro, a partir da morte, ao regime da denúncia imotivada nos termos descritos. A disciplina adoptada é a que expressa uma maior protecção do arrendatário, pois é exactamente similar à do passado.

3.2. *Invocação pelo arrendatário de impedimentos à denúncia motivada*

Consideremos agora a denúncia motivada pelo senhorio. Ora, como valem as regras dos contratos de duração indeterminada são potencialmente aplicáveis as al. a) e b) do art. 1101.º CC, NRAU.

No entanto, há que efectuar, para alguns efeitos, a distinção entre aquelas alíneas.

Como afirmámos, o art. 107.º RAU continua a aplicar-se (art. 26.º, n.º 4 NRAU, igualmente empregue *ex vi* art. 28.º NRAU). Portanto, contemplam-se todos os contratos "sem duração limitada", independentemente da data da sua celebração.

Ora, este normativo apenas actua quando está em causa a denúncia motivada para habitação, prevista no art. 1101.º, al. a) CC, NRAU, em razão do disposto no seu proémio.

Mantendo-se em vigor o art. 107.º RAU, o cônjuge, a pessoa que vive em união de facto ou o ascendente podem dele beneficiar. É o que resulta *a contrario* do art. 26.º, n.º 5 NRAU.

Portanto, se o senhorio denunciar justificadamente o contrato com fundamento em qualquer das possibilidades previstas na alínea a) do art. 1101.º CC, NRAU – relembre-se a "necessidade de habitação pelo próprio" ou "[a necessidade de habitação] pelos seus descendentes em 1.º grau" – o citado preceito do RAU em vigor pode funcionar.

Qualquer das mencionadas pessoas é susceptível de invocar os motivos que aí se consagram. Os pressupostos previstos na al. a) do n.º 1 do art. 107.º RAU são subjectivos, ou seja, devem preencher-se em relação ao respectivo inquilino. O outro – ínsito na al. b) do n.º 1 do art. 107.º RAU – tem um alcance objectivo. O prazo em causa pode inclusivamente contar-se (se não se preencheu antes) quanto ao transmissário (art. 26.º, n.º 4, al. a) NRAU conjugado com o art. 107.º, n.º 2 NRAU.

A transmissão do arrendamento por morte para o filho ou para o enteado (mas não nas hipóteses previstas nas alíneas a) a c) do n.º 1 do art. 57.º NRAU) faz cessar a tutela resultante do art. 107.º RAU ainda em vigor.

Deste modo, extingue-se a protecção emergente desse normativo no que toca a estes específicos arrendatários. Não podem, desta sorte, retirar vantagens, por exemplo, do facto de estarem reformados por invalidez absoluta.

SECÇÃO TERCEIRA
*Regime transitório geral:
os contratos vinculísticos anteriores ao RAU*

§ 1. Actualização das rendas. 1. Âmbito. 2. Limite máximo da actualização. 3. Requisitos. 3.1. Materiais. 3.1.1. A avaliação fiscal do locado. 3.1.2. O nível (mínimo) de conservação. 3.2. Procedimentais. 3.2.1. Procedimento comum; a) Legitimidade activa; as CAM; b) Modo de determinação do nível de conservação; c) Validade da declaração que determina o nível, o estado e o coeficiente de conservação; 3.2.2. Procedimento específico. 3.3. Formais. 3.4. Os modelos do faseamento diferido. 3.4.1. Faseamento regra. 3.4.2. Faseamento curto; a) O elevado rendimento do agregado familiar; b) Falta de residência permanente. 3.4.3. Faseamento longo. a) O baixo rendimento do agregado familiar; b) A idade avançada do arrendatário; c) A deficiência grave do inquilino. 3.5. Respostas do arrendatário. 3.6. A nova renda resultante da actualização. 3.6.1. Momento em que é devida. a) Regime geral; b) Regime especial; 3.6.2. Actualizações (extraordinárias) subsequentes. 3.7. O gradualismo na actualização da renda. 3.7.1. O gradualismo no faseamento regra. 3.7.2. O gradualismo no faseamento máximo. 3.7.3. O gradualismo no faseamento curto. 3.8. Subsídio de renda. 3.8.1. Pressupostos da concessão. 3.8.2. Impedimentos à concessão de subsídio. 3.8.3. Procedimento. 3.8.4. Montante do subsídio. 3.9. Alteração das circunstâncias. 3.9.1. Alteração das circunstâncias do agregado familiar do arrendatário; a) A variação do rendimento do agregado familiar; b) Outras circunstâncias. 3.9.2. Alteração das circunstâncias provocada por morte do inquilino. 3.9.3. Alteração das circunstâncias provocada por transmissão entre vivos da posição arrendatícia. 3.9.4. As regras da transição para o novo regime de faseamento. 3.10. Direito do arrendatário à realização de obras de conservação. § 2. Compensação por obras realizadas pelo arrendatário. 1. Nota introdutória. 2. Regime geral. 2.1. A cessação do contrato. 2.2. A legitimidade activa do arrendatário. 2.3. A licitude das obras. 2.4. Tipos de obras. 2.5. Efeitos. 3. Regime especial.

§ 1. Actualização das rendas

Cabe agora estudar as duas outras particularidades, que se aplicam a alguns contratos de arrendamento para habitação. Uma que beneficia o senhorio (a actualização de rendas), outra que atribui uma possível vantagem ao arrendatário (a compensação pelas obras efectuadas).

Permanecendo em larga medida intocados os efeitos do vinculismo (nas duas anteriores vertentes descritas), há que apreciar seguidamente o que sucede em relação à actualização (extraordinária) da renda.

1. Âmbito

Apenas estão sujeitas a esta medida específica as rendas relativas aos arrendamentos habitacionais anteriores ao RAU (art. 27.º, 1ª parte NRAU), portanto, aos negócios concluídos até 15 de Novembro de 1990.

A circunstância de as rendas dos contratos antigos (em particular os que antecederam o ano de 1985) terem sido congeladas ou sujeitas a actualizações exigentes e escassas determinou esta medida de excepção.

2. Limite máximo da actualização

Impõem-se, no entanto, restrições à actualização. A nova renda "tem como limite máximo o valor anual correspondente a 4% do valor do locado" (art. 31.º NRAU).

Este último é o resultado da multiplicação de duas parcelas: a emergente da avaliação fiscal do prédio realizada há menos de 3 anos[46]; a decorrente do coeficiente de conservação (art. 32.º, n.º 1 NRAU).

A percentagem baixa encontrada, quando confrontada com a taxa da renda condicionada de 8% – emergente da Portaria n.º 1232/91, de 28 de Dezembro –, deve-se ao facto de não se pretender provocar aumentos substanciais da renda, evitando-se, deste modo, rupturas sociais graves[47].

---

[46] Caso a avaliação fiscal tenha sido realizada mais de um ano antes da fixação da nova renda, o valor assinalado é actualizado de acordo com os coeficientes de actualização das rendas que entretanto vigoraram (art. 32.º, n.º 2 NRAU).

[47] A Portaria 1323/91, de 28 de Dezembro de 1990, estabeleceu a taxa das rendas condicionadas em 8%.

3. Requisitos

O aumento extraordinário da renda está sujeito a pressupostos diversos. Cumpre examiná-los.

3.1. *Materiais*

Enunciemos, em primeiro lugar, os de índole material.

A actualização da renda está dependente da iniciativa do senhorio e ainda subordinada ao preenchimento de dois requisitos cumulativos, ao abrigo do art. 35.º NRAU:
– a avaliação fiscal do locado (al. a));
– a um nível mínimo de conservação do prédio, o qual deve ser igual ou superior a 3 (al. b)).

3.1.1. *A avaliação fiscal do locado*

Identifiquemos, de modo breve, os contornos daquela. O senhorio com interesse na actualização da renda deve promover a avaliação do prédio junto da competente repartição de finanças. Tal avaliação é efectuada ao abrigo dos arts. 38.º ss. Código do Imposto Municipal sobre Imóveis (CIMI), impondo-se a sua efectivação há menos de três anos.

O valor patrimonial tributário dos prédios urbanos para habitação é o que resulta da multiplicação de vários factores: o valor base dos prédios edificados (Vt), a área bruta de construção mais a área excedente à área de implementação (A), o coeficiente de afectação (Ca), o coeficiente de localização (Cl), o coeficiente de qualidade e de conforto (Cq), o coeficiente de vetustez (Cv) – cfr. art. 38.º CIMI.

Expressa-se pela seguinte fórmula:

$$Vt = Vc \times A \times Ca \times Cl \times Cq \times Cv$$

Daí que alguns critiquem a percentagem inferior encontrada para a actualização extraordinária, até porque o valor líquido da renda, depois de "deduzidos os encargos com obras, com o IMI e com o IRS, traduz uma remuneração líquida do capital pouco atractiva" (FRANCISCO CASTRO FRAGA e CRISTINA GOUVEIA DE CARVALHO, "As normas transitórias", O Direito, 2005, II, p. 421).

3.1.2. O nível (mínimo) de conservação

a) Os parâmetros a ter em conta

O estado de conservação do imóvel é igualmente relevante para efeito da actualização da renda.

Estabelecem-se cinco graus de conservação do locado (que vão desde o estado "excelente" – nível 5, a que corresponde o coeficiente 1,2 – ao estado "péssimo" – nível 1, o qual determina a aplicação do coeficiente 0,5) dos prédios edificados com mais de 10 anos de construção[48] (art. 33.º, n.º 1 NRAU).

Estão aí contemplados dois elementos: o estado de conservação *stricto sensu* do locado e a existência de infra-estruturas básicas (art. 33.º, n.º 2 NRAU).

As regras para a sua determinação constam de um diploma autónomo – o DL 156/2006 –, ao qual daremos particular atenção no ponto seguinte.

Adopta-se aqui o princípio da equivalência entre três parâmetros (nível, estado e coeficiente), estabelecendo-se uma tabela que mostra as valências a ter em conta (art. 33.º NRAU).

Para uma melhor compreensão da temática, impõe-se a sua reprodução.

Nível de conservação	Estado de conservação	Coeficiente de conservação
5	Excelente	1,2
4	Bom	1
3	Médio	0,9
2	Mau	0,7
1	Péssimo	0,5

Vejamos um exemplo que expressa a regra enunciada.

Caso o nível de conservação atribuído seja de 3, corresponder-lhe-á o estado "médio" e aplicar-se-á o coeficiente respectivo, de 0,9.

---

[48] Este prazo de 10 anos é pouco perceptível. Estamos a tratar de um regime de actualização das rendas referente a contratos anteriores a 15 de Novembro de 1990.

Esta correspondência sofre alguns desvios.

O primeiro[49] resulta da demonstração pelo inquilino da realização de obras no locado que levaram a que este se encontre num grau de conservação superior. Note-se que o senhorio pode contestar esse facto.

Desta sorte, se o estado de conservação do imóvel (excelente, bom ou médio) resulta de obras efectuadas pelo arrendatário, o coeficiente encontrado sofre uma diminuição para o valor "imediatamente inferior" (de 1,2, para 1, de 1 para 0,9 ou de 0,9 para 0,7) – art. 33.º, n.º 4, 1ª parte NRAU.

A lei refere-se a obras (art. 33.º, n.º 4 NRAU), parecendo dever entender-se que estão em causa tão só as de conservação do imóvel. Isto porque se equaciona aqui justamente a preservação ou a não deterioração do prédio.

Todavia, apesar de, no circunstancialismo descrito, o coeficiente sofrer uma redução isso não se reflecte na atribuição de um distinto nível de conservação, que permanece o mesmo (nível 5, 4 ou 3 consoante o caso). É o que resulta do art. 33.º, n.º 5 NRAU. O que vale por dizer que o coeficiente de conservação, conquanto se situe na hipótese mencionada abaixo do exigido (0,7), não prejudica a iniciativa do senhorio em actualizar a renda. Sucumbe, pois, a correspectividade expressa na tabela atrás inserida.

Se o senhorio, por sua vez, tiver contribuído, com as obras que igualmente executou, para o aumento do estado de conservação do prédio, emprega-se um coeficiente intermédio, a fixar de acordo com a equidade (art. 33.º, n.º 4 NRAU). Assim, no exemplo figurado (de 0,9 para 0,7), fixar-se-á, *v.g.*, o nível 0,8.

b) A colaboração do arrendatário

Retomando agora a exposição, importa salientar que o produto dos dois factores mencionados (o valor da avaliação fiscal e o coeficiente de conservação do imóvel) permite encontrar o valor do locado.

Na determinação destes dois momentos, o arrendatário está vinculado a prestar a sua colaboração ao bom andamento do processo de avaliação (art. 36.º, n.º 1 NRAU).

---

[49] Quanto ao segundo desvio, ver *infra*, nesta secção, o ponto 3.2.2.

A oposição à execução dos actos necessários à atribuição de qualquer destes dois valores é motivo de resolução do contrato de arrendamento, ao abrigo do art. 36.º, n.º 5 NRAU.

Os arts. 1083.º ss. CC, NRAU regulam a matéria da resolução.

Genericamente, a disciplina dos fundamentos resolutivos a invocar pelo senhorio é diversa da ínsita no anterior art. 64.º RAU, essencialmente por duas razões:

- quebra-se a regra da taxatividade ínsita no art. 64.º, n.º 1 RAU (o senhorio só pode..." – sublinhado nosso), acolhendo-se agora o princípio do *numerus apertus* (por via da aposição do advérbio "designadamente", no art. 1083.º, n.º 2 proémio CC, NRAU);
- especifica-se, por outro lado, que só o incumprimento que, pela sua gravidade ou consequências, torne inexigível a manutenção do arrendamento justifica a extinção do contrato (art. 1083.º, n.º 2 NRAU).

Retomando a hipótese exposta, importa saber se o elemento "inexigibilidade" se encontra preenchido, isto porque o art. 36.º, n.º 5 NRAU apenas nos diz que é "fundamento de resolução".

O estudo desta temática remete-nos para uma outra, a do art. 1083.º, n.º 3 CC, NRAU. Este normativo assinala que é "inexigível ao senhorio a manutenção do arrendamento em caso... de oposição pelo arrendatário à realização de obra ordenada por autoridade pública". Acresce que o art. 1084.º, n.º 4 CC, NRAU prevê que "fica igualmente sem efeito a resolução fundada na oposição pelo arrendatário à realização de obra ordenada por autoridade pública se no prazo de três meses cessar essa oposição". Portanto, nesta hipótese, a resolução opera por comunicação à contraparte (art. 1084.º, n.º 1 CC, NRAU).

Ora, nada se diz no art. 1083.º CC, NRAU quanto à inexigibilidade da manutenção do arrendamento referido no art. 36.º, n.º 5 NRAU, nem quanto ao modo do exercício do direito de resolução, nem ainda relativamente à eventual "caducidade" deste direito.

Embora pareça haver uma relativa semelhança material entre as regras enunciadas, pensamos que ao senhorio é exigível a instauração da competente acção de despejo para extinguir o contrato, tendo que aí demonstrar o fundamento (e os sub-elementos) resolutivos. Os interesses do arrendatário assim o determinam.

3.2. Procedimentais

3.2.1. Procedimento comum

O modo de fixação do nível de conservação do prédio é estabelecido pelo DL 156/2006, de 8 de Agosto.

a) Legitimidade activa; as CAM

A legitimidade para requerer a determinação do nível de conservação do locado assiste ao proprietário, ao superficiário ou ao usufrutuário (art. 2.º, n.º 1, al. a) DL 156/2006)[50].

O requerimento deve ser dirigido à Comissão Arbitral Municipal (CAM), a quem compete essa tarefa, actuando aquela especificamente no exercício de funções administrativas (art. 14.º al. a) DL 161/2006 e art. 13.º DL 161/2006).

Trata-se, como se dispõe no art. 2.º DL 161/2006, de uma entidade oficial não judiciária com autonomia funcional, sendo constituída, cada CAM, por um conjunto vasto de representantes de específicas instituições ou pessoas (salientando-se, entre outras, a Câmara Municipal, o serviço de finanças, os senhorios, os arrendatários, os engenheiros, os arquitectos, os advogados) – art. 4.º DL 161/2006.

Tais representantes devem desempenhar as respectivas funções com imparcialidade e independência técnica (art. 8.º DL 161/2006), encontrando-se impedidos de intervir em qualquer assunto referente a imóveis próprios ou em que sejam eventualmente interessados (art. 10.º DL 161/2006).

b) Modo de determinação do nível de conservação

O nível de conservação do locado resulta de uma ficha de verificação do respectivo estado, de acordo com a Portaria 1192-B/2006, de 3 de Novembro[51].

---

[50] Sem prejuízo de poder caber a outras pessoas, designadamente ao arrendatário com contrato de arrendamento habitacional concluído antes do RAU (art. 2.º, al. b) DL 156/2006).

[51] Preenche-se, para o efeito, o modelo único simplificado, aprovado pela Portaria 1192-A/2006, de 3 de Novembro (art. 18.º, n.º 1 Portaria 1192-B/2006).

Tendo como princípios orientadores, a objectividade, a independência, a transparência e o rigor (cfr. o § 3 do preâmbulo da citada portaria), trata-se aqui de apurar as condições actuais do edifício por referência às que se proporcionavam à data da sua construção.

A determinação (do nível, do estado e) do coeficiente de conservação está sujeita ao pagamento de uma taxa – correspondente a uma unidade de conta (desde o dia 1.1.2007 até ao dia 31.12.2009 esta cifra-se em 96,00 euros, tal como decorre do art. 5.º, n.º 2 DL 212/89, de 30 de Junho, sendo actualizada trienalmente) – que reverterá a favor do município, especificamente para o funcionamento das CAM (art. 20.º, n.º 1, n.º 2 e n.º 3, al. a), todos do DL 161/2006), e que deve ser paga pelo apresentante no momento da entrega do requerimento inicial (art. 20.º, n.º 5 DL 161/2006).

Estabelecem-se (quatro) critérios gerais de avaliação em razão de cada elemento funcional (art. 3.º, n.º 1 als. a) a d) Portaria 1192-B/2006), sendo que as anomalias são qualificadas por graus (muito ligeiras, ligeiras, médias, graves e muito graves) – art. 4.º do citado diploma.

A vistoria ao locado é efectuada presencialmente por um técnico, cabendo à CAM comunicar ao arrendatário e ao senhorio[52], por via postal registada, a data e a hora da sua execução (art. 7.º, n.ºs 3 e 4 Portaria 1192-B/2006).

Há um conjunto de pessoas que têm legitimidade para acompanhar *in loco* a vistoria. Para além do arrendatário, o senhorio e os titulares de direitos reais sobre o locado podem àquela assistir (art. 7.º, n.º 6 Portaria 1192-B/2006).

É no decurso da fiscalização em causa que se impõe ao arrendatário, que se arroga a realização de determinadas obras, a comunicação dessa circunstância ao técnico (art. 9.º, n.º 1 Portaria 1192-B/2006). Da mesma forma, o senhorio, quando entenda que o estado de degradação do prédio se deve a actuação ilícita do inquilino ou à falta de manutenção por este, deve informar o técnico desse facto (art. 9.º, n.º 2 Portaria 1192-B/2006). Em qualquer das hipóteses, é admissível a contestação dos argumentos aduzidos, o que necessariamente constará do relatório do perito (art. 9.º, n.ºs 3 e 4 Portaria 1192-B/2006).

---

[52] Devendo este apresentar os documentos necessários à sua execução (art. 7.º, n.º 3 e art. 8.º Portaria 1192-B/2006, de 3 de Novembro).

Elaborada a ficha de avaliação, a CAM atribui ao locado, em princípio num prazo de oito dias a contar da recepção da mesma, o coeficiente de conservação correspondente ao respectivo nível (art. 14.º, n.º 1 Portaria 1192-B/2006).

Havendo afirmações de um dos interessados na ficha em causa, o coeficiente é atribuído no prazo máximo de 30 dias (art. 14.º, n.º 2 Portaria 1192-B/2006).

Após a inscrição do coeficiente de conservação na ficha em apreço, a CAM comunica-o ao senhorio e ao arrendatário em 3 dias (art. 14.º, n.º 3 Portaria 1192-B/2006).

Qualquer das partes pode reclamar do resultado. Dispõem do período de 8 dias para o fazer (art. 15.º, n.º 1, 1ª parte Portaria 1192-B/2006), sob pena de, esgotado aquele, a avaliação do nível e a determinação do coeficiente se tornarem definitivas e, assim, inatacáveis (art. 15.º, n.º 5 Portaria 1192-B/2006).

Quanto aos fundamentos, eles encontram-se tipificados.

Por um lado, a discordância quanto ao nível de conservação.

Por outro, o errado emprego do art. 15.º, n.º 2 DL 161/2006, ou seja, as circunstâncias que serviram de base à fixação do coeficiente de conservação.

A competência para decidir sobre as eventuais reclamações incumbe à respectiva CAM (art. 17.º, n.º 1, al. a) DL 161/2006).

A decisão tem valor arbitral, dela cabendo recurso para o tribunal de comarca, com efeito meramente devolutivo, sendo conhecida a matéria de facto e de direito (art. 17.º, n.ºs 4 e 5 DL 161/2006).

   c) Validade da declaração que determina o nível, o estado e o coeficiente de conservação

Especifica ainda o art. 15.º, n.º 4 DL 161/2006 que o apuramento dos elementos que se reportam à conservação do imóvel arrendado – ou seja, o nível, o estado e o coeficiente – tem uma validade de três anos.

Significa isto que se a actualização extraordinária da renda se protelar por período superior ao enunciado, o que será tendencialmente a regra (portanto, 5 ou 10 anos), então há que desencadear uma nova fixação no termo do período de 3 anos, para que o senhorio possa continuar a actualizar a renda.

O resultado dessa nova avaliação pode ter várias consequências: manter o *status quo vigente*; impedir o senhorio de continuar a actualizar a renda (o estado de conservação do prédio é agora "mau" ou "péssimo"); por fim, permitir ao locador aumentar a renda (visto que o estado do edifício é "bom" ou "excelente").

3.2.2. *Procedimento específico*

Para além da via assinalada, prevê-se uma outra possibilidade: a de dispensa de determinação do nível de conservação.

Tal solução apenas se mostra admissível se o senhorio entender que o imóvel locado se encontra num estado de conservação "bom" ou "excelente" (art. 7.º DL 156/2006).

Desta apreciação objectiva não basta informar o arrendatário. Há outros formalismos a observar: deve ser comunicada à respectiva CAM a intenção de proceder à actualização da renda e o nível de conservação em que avalia o locado. Não se prescinde, pois, do conhecimento àquela entidade.

De todo o modo, quando o senhorio pretende *escapar* ao caminho mais comum ou tradicional – o do recurso à CAM –, está impedido de proceder a uma actualização em conformidade, isto é, de acordo com os seus próprios critérios. Com efeito, somente pode aumentar a renda "aplicando o coeficiente de conservação 0,9 correspondente ao nível de conservação 3" (art. 7.º, n.º 3 DL 157/2006).

Trata-se, pois, de um segundo desvio ao princípio da equivalência atrás assinalado[53].

Desta sorte, só se admite que o locador "prescinda" da via administrativa quando o imóvel se encontre num estado de conservação elevado. Todavia, não deixa de ser por isso penalizado: o coeficiente de conservação a aplicar é inferior ao da avaliação subjectiva e pessoal.

Mas o inquilino pode reverter esta situação. Se, em sede de resposta, invocar que o estado de conservação do prédio é inferior a médio (ou seja, mau ou péssimo), cabe ao senhorio requerer à CAM o apuramento do competente nível de conservação. Agora tudo se processará nos termos tipicamente definidos.

Poderá pensar-se que o arrendatário pode usar este expediente dilatório para protelar o início do pagamento da nova renda. Mas também

---

[53] Cfr. *supra*, nesta Secção, 3.1.2.

não deixa de ser verdade que o locador se eximiu aos parâmetros da avaliação por um órgão autónomo.

Note-se que a nova renda é devida "no mês seguinte à comunicação pelo senhorio do nível de conservação apurado e da renda respectiva" (art. 7.º, n.º 7 DL 156/2007).

Para concluir este tema, gostaríamos de realçar que esta via pode suscitar alguma discricionariedade "sem penalização". Imagine-se que o estado de conservação do imóvel é médio. O senhorio "entende" que é superior. O inquilino "considera" que é inferior. Há várias comunicações "pouco úteis" entre as partes e a terceiros, para, a final, se recorrer à determinação pela CAM.

3.3. *Formais*

Quanto aos pressupostos formais, impõe-se a comunicação ao arrendatário dos moldes e dos termos da actualização (arts. 34.º ss. NRAU).

Essa notificação, a realizar mediante escrito assinado pelo declarante e remetido por carta registada com aviso de recepção (art. 9.º, n.º 1 NRAU) ou através de escrito assinado e entregue em mão, devendo o locatário apor em cópia a sua assinatura, com nota de recepção (art. 9.º, n.º 6 NRAU), deve conter um conjunto de elementos, como a seguir explicitaremos.

Podem figurar-se dois tipos de notificações que informam o inquilino da actualização especial da renda: uma invocando que o locatário tem um rendimento anual bruto corrigido superior a 15 retribuições mínimas nacionais anuais; outra prescindindo dessa alegação.

Neste caso, os elementos que a comunicação deve conter, para além do nome do arrendatário (e eventualmente do seu cônjuge), da identificação do tipo e da localização do prédio, são os seguintes:

– o valor máximo da renda actualizada (art. 34.º, n.º 2, *in fine* NRAU)
– o resultado de avaliação do locado nos termos CIMI, juntando a respectiva cópia em anexo (art. 38.º, n.º 4 NRAU);
– o resultado da determinação do nível de conservação pela CAM, juntando a respectiva cópia em anexo (art. 38.º, n.º 4, al. a) NRAU);

- as várias possibilidades de faseamento (2, 5 ou 10 anos), explicitando as circunstâncias específicas de cada uma delas;
- os valores da renda devida no primeiro ano de actualização em função de cada uma das modalidades enunciadas – 2, 5 ou 10 anos (art. 34.º, n.º 2 NRAU)[54];
- a menção de que alguns dos factos, a invocar pelo arrendatário, que originem uma actualização faseada em 10 anos[55], deve ser realizada em 40 dias, por carta, através da apresentação de documento que o comprove, sob pena de o faseamento se processar em 5 anos;
- a indicação das consequências da não invocação de quaisquer dessas circunstâncias;
- o momento em que é devida a nova renda.

Na outra hipótese, para além dos três primeiros elementos citados, cabe ao senhorio discriminar os seguintes dados e informações:

- o período de faseamento de 2 anos, em razão do rendimento anual bruto corrigido (RABC) ser superior a 15 retribuições mínimas nacionais anuais (RMNA);
- o valor da renda devida no primeiro ano de actualização em função do faseamento de 2 anos (art. 34.º, n.º 2 NRAU);
- as circunstâncias que importam um faseamento diverso (por exemplo, a idade do arrendatário superior a 65 anos);
- a menção de que alguns dos factos, a invocar pelo arrendatário, que originem uma actualização faseada diversa, deve ser efectuada em 40 dias, por carta, através da apresentação de documento que o comprove;
- as consequências da não alegação de quaisquer dessas circunstâncias;
- a data em que é devida a nova renda.

---

[54] Cálculo esse que pode ser efectuado, com alguma facilidade, na Internet no sítio www.arrendamento.gov.pt.

[55] Com este tipo de comunicação, é ao arrendatário que, pretendendo fazer valer-se do faseamento mais longo, compete obter o comprovativo do escalão de rendimento nos serviços de finanças.

Note-se que, independentemente de qualquer das vias seguidas, a falta de uma só das menções referidas importa a ineficácia da comunicação (art. 38.º, n.º 4, proémio NRAU) e, portanto, o fracasso da declaração que visa o aumento da renda.

3.4. Os modelos do faseamento diferido

3.4.1. Faseamento regra

Em sede habitacional, a actualização da renda é sempre diferida, não havendo lugar à actualização imediata.

No entanto, prevêem-se vários modelos para esse faseamento.

A regra geral, expressa no art. 38.º, n.º 1, 1ª parte NRAU, é a de que "a actualização do valor da renda é feita ... ao longo de cinco anos".

Desta sorte, se o RMNA se situa entre 5 e 15 RABC o aumento da renda ocorrerá durante o período-regra.

Mas há outras circunstâncias que podem gerar tal faseamento: as justificações decorrentes do art. 45.º, n.º 2 NRAU. Embora esta matéria seja tratada *infra*, deve aqui dizer-se sumariamente que há causas de exclusão do faseamento longo no caso de residência não permanente:

– a causa de força maior ou a doença do inquilino que o "obrigue" a estar longe de casa;
– o cumprimento de deveres militares ou profissionais do próprio, do cônjuge ou de quem viva com o inquilino em união de facto, com o limite de dois anos;
– a permanência no local do cônjuge ou da pessoa que viva em economia comum com o arrendatário por prazo não inferior a um ano[56].

Procurando agora a justificação para o relativamente lato prazo (de 5 anos) em que se processa a actualização, sempre se pode dizer que se evita por esta via, para um conjunto amplo de inquilinos, aumentos extraordinários a curto prazo. Se assim não fosse poderiam sentir-se dificuldades sociais apreciáveis e, no limite, inúmeros despejos fundados na falta de pagamento da renda.

---

[56] De todo modo, o locador tem direito à renda actualizada "enquanto não for decidido o contrário" (art. 45.º, n.º 3 NRAU).

No entanto, estabelecem-se dois desvios ao princípio enunciado em ambos os sentidos. Queremos com isto afirmar que o faseamento pode ser por um período de tempo inferior ou superior, respectivamente de 2 anos ou de 10 anos.

3.4.2. Faseamento curto

A diminuição do prazo de actualização da renda – para dois anos – resulta de circunstâncias favoráveis ao arrendatário habitacional. Vejamos individualmente cada uma delas.

a) O elevado rendimento do agregado familiar

Por um lado, destaca-se a circunstância de o agregado familiar[57] do inquilino dispor de um RABC[58] superior a 15 RMNA[59] (art. 38.º, n.º 2 NRAU).

Privilegia-se – embora de modo não definitivo como veremos – o interesse do senhorio. O alto valor que recebe o agregado familiar do arrendatário permite-lhe pagar a nova renda em menos tempo. É uma solução equitativa, que tutela o locador. Não seria até excessivo, em razão dos valores que estão em causa, que se estabelecesse a actualização imediata, conquanto aquela não seja desta muito distante.

---

[57] O agregado familiar do inquilino é aferido ano a ano (art. 2.º, n.º 1 DL 158/2006). Compreende um conjunto amplo de pessoas: o arrendatário, os dependentes a seu cargo – os filhos, adoptados e enteados em dadas circunstâncias –, as pessoas que com ele vivem em comunhão de habitação (sobressaindo o cônjuge não separado judicialmente de pessoas e bens, aquele que vive em união de facto com o inquilino, os ascendentes deste, do seu cônjuge ou daquele que com ele vive em união de facto) – cfr. art. 2.º, n.os 1 e 2 DL 158/2006.

[58] Há que fazer a distinção entre o rendimento anual bruto (RAB) e o rendimento anual bruto corrigido (RABC). Aquele é o "quantitativo que resulta da soma dos rendimentos anuais ilíquidos, nos termos do Código do Imposto sobre o Rendimento das Pessoas Singulares (CIRS), auferidos por todos os elementos do agregado familiar do arrendatário (art. 4.º, n.º 1 DL 158/2006). Este é o montante que emerge da soma dos rendimentos anuais ilíquidos auferidos por todos os elementos do agregado familiar do arrendatário, corrigidos por factores específicos (art. 5.º DL 158/2006).

[59] A retribuição mínima nacional anual é "o valor da retribuição mínima mensal garantida (RMMG), a que se refere o n.º 1 do art. 26.º do Código do Trabalho, multiplicado por 14 meses". Para o ano de 2007, a RMMG é de 403 euros (DL 2/2007, de 3 de Janeiro, em vigor desde 1.1.2007). O produto desta importância multiplicada pelo citado número de meses é de 4.836 euros.

Há factores que podem desvirtuar de alguma maneira esta realidade. Basta que um dos membros do agregado familiar (*v.g,* um filho) tenha a sua residência (fiscal) num local diverso (por exemplo, numa casa de praia ou de campo situada até numa zona próxima), sendo suficiente para o efeito comunicar esse facto à declaração de finanças competente. No entanto, esse sujeito habita efectivamente com o arrendatário no imóvel locado.

É certo que tal indivíduo, se assim o declarar, não pode beneficiar de uma eventual transmissão do arrendamento por morte. Mas também dela nunca retiraria vantagem se, *v.g.,* tivesse mais de 26 anos.

Não se descure a possibilidade de o senhorio conseguir provar que tal sujeito habita o imóvel. Nessa hipótese, o aumento de renda deve realizar-se contabilizando os seus rendimentos.

Saliente-se que o locador, se pretender socorrer-se deste faseamento curto, pode requerer previamente, ao serviço de finanças competente, o comprovativo do RABC (art. 44.º, n.º 3 NRAU), que enviará ao inquilino.

Nesta situação, porém, este último pode obstar ao faseamento reduzido. Todavia, se nada invocar – ou seja, se não alegar nenhuma das circunstâncias previstas no art. 37.º, n.º 3 NRAU – a actualização opera nos termos indicados pelo senhorio (art. 38.º, n.º 2, parte final NRAU).

b) Falta de residência permanente

Pode dar-se o caso de o arrendatário não ter no imóvel a sua residência permanente. Essa circunstância é, em princípio, bastante para provocar o aumento da renda, pois é considerada independentemente de o inquilino habitar ou não outra casa, própria ou alheia (art. 45.º, n.º 1 *ex vi* art. 38.º, al. d) NRAU).

Compreende-se a restrição do tempo do faseamento. A falta de residência permanente não pode servir como benefício do locatário em detrimento do senhorio. No entanto, convém alertar que este mesmo fundamento pode dar lugar, tal como no passado, à resolução do contrato pelo locador, quando se prolongue por um certo período de tempo.

De todo o modo, pode ser difícil a determinação em concreto desta hipótese.

Figuremos uma situação específica para apreciar o alcance da norma. Imaginemos a pessoa que vive em união de facto com uma outra, na casa (própria) desta. Mantém-se, porém, aquele sujeito como arrendatário no imóvel onde vivia. Deve entender-se que aí reside permanentemente?

A expressão usada no art. 45.º, n.º 1 NRAU é decalcada da ínsita no art. 64.º, n.º 1, al. i) RAU. Podemos assim socorrer-nos da doutrina e da jurisprudência do passado.

Afirma Aragão Seia que a "residência permanente é a casa em que o arrendatário tem o centro ou a sede da sua vida familiar e social e da sua economia doméstica; a casa em que o arrendatário, estável ou habitualmente dorme, toma as suas refeições, convive e recolhe a sua correspondência; o local onde tem instalada e organizada a sua vida familiar e a sua economia doméstica – o seu lar, que constitui o centro ou sede dessa organização", relevando ainda os seus traços indispensáveis: "a habitualidade, a estabilidade e a circunstância de constituir o centro da organização da vida doméstica"[60]. Destaca o autor o facto de ser possível, na actualidade, que uma pessoa tenha duas residências permanentes[61].

Voltando à questão posta, é necessário averiguar se o inquilino tem no locado uma permanência mínima e qual o grau de utilização que faz do prédio. A resposta, no entanto, só pode ser dada em razão do circunstancialismo específico verificado.

Saliente-se que o art. 17.º, n.º 1, al. c) DL 161/2006 atribui à CAM respectiva competência para decidir acerca da "falta de utilização do locado"[62], sendo *in casu* sorteado um árbitro de entre os elementos que compõem aquela entidade a quem tenham sido atribuídas essas funções, sem prejuízo de os demais membros serem solicitados para colaborar (art. 17.º, n.º 2 DL 161/2006).

---

[60] Arrendamento Urbano, cit., p. 449.
[61] Arrendamento Urbano, cit., pp. 450 e 451.
Cfr. ainda a abundante jurisprudência e doutrina aí citadas sobre o assunto.
[62] O procedimento é composto por várias fases.
Inicia-se pela apresentação de requerimento escrito, com identificação dos intervenientes (senhorio e inquilino) e do local. Impõe-se a exposição breve da factualidade, devendo, por outro lado, ser indicado o valor da causa (art. 18.º, n.º 1 DL 161//2006).
O requerimento pode ser subscrito pelos interessados (com a exposição de ambos) ou apenas por um deles, sendo neste caso o outro citado para, em 10 dias, contestar (art. 18.º, n.ºˢ 2 e 3 DL 161/2006).
Haverá lugar a uma audiência, marcada pelo árbitro designado para o efeito, que se inicia necessariamente com a tentativa de conciliação das partes (art. 18.º, n.ºˢ 8 e 9 DL 161/2006), sendo que na falta de acordo hão-de aquelas apresentar os meios de prova que entenderem por convenientes (art. 18.º, n.º 10 DL 161/2006).
A decisão é proferida na audiência de julgamento, por escrito, devidamente fundamentada, sendo imediata e pessoalmente notificada às partes (art. 18.º, n.º 13 DL 161/2006).

3.4.3. Faseamento longo

Como se afirmou, o faseamento longo pode resultar de várias circunstâncias.

Todas elas nos aparecem, em regra, como modos de reacção do arrendatário à declaração do senhorio.

a) O baixo rendimento do agregado familiar

Em sede de resposta (caso o locador não o alegue expressamente na comunicação remetida ou se o documento emitido pelo serviço de finanças não for considerado correcto), o inquilino pode invocar e demonstrar que o RABC do agregado familiar é inferior a 5 RMNA.

Essa invocação deve ser acompanhada do documento comprovativo, emitido pelo serviço de finanças competente (ou se ainda dele não dispuser impõe-se que junte a prova do seu requerimento, encontrando-se adstrito à sua remessa ao senhorio nos 15 dias ulteriores à entrega) – art. 44.º, n.º 2 NRAU.

Também aqui se percebe sem dificuldade a razão de ser do regime. O baixo rendimento do agregado familiar do arrendatário é susceptível de fazer afastar um aumento a médio prazo, alongando-o. A vertente da protecção social está *in casu* bem patente.

b) A idade avançada do arrendatário

Se o arrendatário tem pelo menos 65 anos de idade aumenta igualmente o período de faseamento.

Esta via pode ser invocada, em sede de resposta à comunicação, seja autonomamente, seja na sequência da alegação pelo senhorio de que o arrendatário dispõe de um RABC superior a 15 RMNA. Esta última possibilidade, que está prevista no art. 38.º, n.º 2, al. a) NRAU, é pouco compreensível. Com efeito, a verificação da circunstância está suportada em documentação emitida pelo serviço de finanças, tal como a resposta do arrendatário.

Esta solução legislativa favorece o inquilino. Mesmo no caso de o rendimento do seu agregado familiar ser elevado (ou seja, o RABC é superior a 15 RMNA) ele beneficiará dessa vantagem. O art. 38.º, n.º 2 NRAU, parte final é muito claro: "sem que o arrendatário invoque qualquer das alíneas do n.º 3 do artigo anterior" (sublinhado nosso).

Ora, haverá poucas razões que sustentem esta protecção. Ter-se-á pesado em demasia o valor "idade" em detrimento do elemento "rendimento".

c) A deficiência grave do inquilino

A deficiência com grau comprovado de incapacidade superior a 60% conduz, de igual sorte, ao faseamento em 10 anos (art. 37.º, n.º 3 *ex vi* art. 38.º, n.º 2, al. a) NRAU).

A especial fragilidade do inquilino é o motivo que desencadeia este benefício, a nosso ver, adequado.

Ao contrário da hipótese anteriormente descrita, já se compreendem melhor os motivos que estão na base do faseamento longo[63].

3.5. *Respostas do arrendatário*

O art. 37.º NRAU regula os termos da reacção do arrendatário perante o senhorio.

O prazo para a resposta é de 40 dias (art. 37.º, n.º 1 NRAU). Quando o prazo termine em dias diversos, pois estão em causa vários sujeitos, a resposta pode ser oferecida até o termo do último prazo (art. 37.º, n.º 2 NRAU). Amplia-se assim o período da resposta.

Nesse quadro, dispõe de quatro hipóteses alternativas. Vejamos:

– o arrendatário invoca circunstâncias que acarretam o aumento do prazo de actualização faseada (art. 37.º, n.º 3 NRAU) ou a aplicação da regra geral de 5 anos (art. 45.º, n.º 2 NRAU);

– o arrendatário remete-se ao silêncio; considera-se que inexistem os factos que permitiriam uma actualização faseada num prazo

---

[63] De notar que, a contar da data em que a avaliação se torna definitiva ou do termo do prazo para a resposta do inquilino, caso seja mais longo, o senhorio deve comunicar, no prazo de 30 dias, ao serviço de finanças competente o período de faseamento da actualização extraordinária da renda ou da sua não actualização (art. 42.º, n.º 1 NRAU).

Na inobservância desta obrigação presume-se que a actualização se processa no prazo de 5 anos. Esta presunção é ilidível mediante prova em contrário, podendo a administração fiscal, no âmbito da sua actividade fiscalizadora, alegar e demonstrar que o faseamento está a decorrer em período diverso (art. 42.º, n.º 2 NRAU).

superior, mantendo-se a actualização da renda nas circunstâncias invocadas pelo senhorio (art. 37.º, n.º 4 NRAU);
- o arrendatário denuncia o contrato, impondo-se um dever de desocupação do locado no prazo de seis meses, contado da data do exercício do direito em causa, sendo certo que nesse espaço de tempo não há lugar à modificação da renda (art. 37.º, n.º 5 NRAU)[64];
- o arrendatário requer uma nova avaliação do locado ao serviço de finanças competente, tendo que disso dar conhecimento ao senhorio (art. 37.º, n.º 5 NRAU)[65].

3.6. *A nova renda resultante da actualização*

3.6.1. *Momento em que é devida*

a) Regime geral

A renda actualizada é, em regra, devida no 3.º mês seguinte ao da comunicação do senhorio (art. 43.º, n.º 1 NRAU). Deste modo, se a declaração é enviada ao arrendatário e recebida por ele em Agosto, a nova renda deve ser paga em Novembro.

Portanto, há agora uma intenção manifesta de tutelar o senhorio, evitando-se simultaneamente que se protele um diferimento (eventualmente longo) quanto ao pagamento da nova renda. Adquire, desta forma, força especial o seguinte *brocardo*: o inquilino paga primeiro e discute depois.

Note-se que na falta de residência permanente expressa-se essa tendência: o senhorio "tem direito à renda assim actualizada enquanto não for decidido o contrário" (art. 45.º, n.º 3 NRAU).

---

[64] Perante a não desocupação do locado no prazo devido, o comprovativo da comunicação da iniciativa do senhorio e o documento de resposta do arrendatário constituem um título executivo extrajudicial que pode servir de base à execução para entrega de coisa certa (art. 15.º, n.º 1, al. f) NRAU).

[65] Agora é o arrendatário que ocupa a posição do sujeito passivo, nos termos do art. 76.º CIMI.

Caso o valor da renda a que se chegue na segunda avaliação seja diverso os acertos são realizados com o pagamento da renda ulterior (art. 37.º, n.º 8 NRAU).

Embora se perceba o modelo seguido, pois não se pretende que uma eventual discussão entre o senhorio e o arrendatário quanto à renda possa demorar anos a solucionar-se, convém assinalar que esta via pode gerar alguns abusos.

Imagine-se que, no sentido de provocar o despejo do inquilino ou a denúncia por este do contrato, o senhorio comunica uma renda muito superior à exigida ou alega a falta de residência permanente do locatário. É esta devida, nos termos do art. 43.º NRAU? Dito de outro modo, se o arrendatário não pagar a nova renda pode haver lugar à resolução do contrato, verificado o circunstancialismo legal?

Pensamos que não na primeira hipótese suscitada. Os termos da actualização estão, na lei vigente, objectivados, pelo que não podem gerar disparidades. De todo o modo, o facto de o arrendatário não pagar a renda comunicada, porque entende que está correcta a importância, não significa que não possa evitar o despejo, em sede judicial.

A solução é diversa na segunda situação. A circunstância indicada pelo senhorio deve ser mais tarde comprovada (em primeiro lugar, pela CAM). Apenas se reflecte no tempo do faseamento, encurtando-o. O inquilino deve pagar "enquanto não for decidido o contrário" (art. 45.º, n.º 3, 2ª frase NRAU). No entanto, posteriormente o arrendatário, caso se verifique que o senhorio não tinha tal direito deve "repor os montantes indevidamente recebidos" (art. 45.º, n.º 3, *in fine* NRAU), bem como indemnizar o locatário por outros danos (*v.g.*, os derivados da impossibilidade de concessão do subsídio de renda decorrente do art. 46.º, n.º 4 NRAU).

b) Regime especial

Importa relevar uma regra especial quanto ao momento da exigibilidade da renda.

Sempre que for pedida a atribuição de um subsídio de renda pelo locatário e desde que de tal circunstância seja informado o senhorio[66], produz-se o seguinte efeito: o aumento seguinte do valor da renda só vigor[a] a partir do mês subsequente ao da comunicação da respectiva concessão, seja ela efectuada pelo arrendatário, seja pela instituição competente (art. 46.º, n.º 2 NRAU).

---

[66] A norma não se refere ao prazo para realizar esta comunicação. Contudo, atento o prazo quinzenal consagrado no n.º 2 do art. 46.º NRAU, para uma comunicação semelhante pensamos que também esta pode estar sujeita ao mesmo período.

Atribuída a vantagem pecuniária ao arrendatário, compete-lhe notificar o senhorio desse subsídio. Dispõe do prazo de 15 dias após o seu conhecimento para o efeito. A sua inobservância gera a obrigação de indemnizar o locador pelos prejuízos derivados da omissão (art. 46.º, n.º 3 NRAU).

3.6.2. Actualizações (extraordinárias) subsequentes

No caso das actualizações subsequentes, as novas rendas são devidas um ano após a actualização anterior, contado do momento em que se verifica o primeiro aumento, ou seja, no 3.º mês subsequente à notificação (art. 43.º, n.º 2 NRAU).

Mas a actualização não opera sem mais, de modo automático. A opção foi a de não deixar o inquilino sujeito a uma única comunicação inicial (e global) que contemplasse todos os anos em que se desdobra o faseamento. Confere-se, assim, uma segurança acrescida ao arrendatário no tocante aos aumentos subsequentes, funcionando também como uma espécie de lembrança. Cabe, desta sorte, ao senhorio o ónus de actualização anual.

Para o efeito, deve comunicar por escrito[67] ao locatário – com a antecedência mínima de 30 dias – o valor da renda actualizado (art. 43.º, n.º 3 NRAU). Não se estabelece, porém, um prazo máximo. Nada impede naturalmente que o prazo de pré-aviso seja mais longo, conquanto não possa ser muito antecipado, atenta a motivação que lhe subjaz.

A renda actualizada é devida a partir do momento em que perfaz um ano sobre o aumento anterior.

Na hipótese de o locador não promover a actualização no tempo e nos moldes devidos, por esquecimento ou por qualquer outra causa, ficam prejudicados os aumentos de renda relativos a esse ano (art. 43.º, n.º 4, 1ª parte NRAU).

Porém, "pode, em qualquer ano, exigir o valor a que teria direito caso todas as actualizações tivessem ocorrido" (art. 43.º, n.º 4, 2ª parte NRAU).

Este regime é semelhante ao consagrado no revogado RAU, ressalvadas algumas especificidades (*v.g.*, o coeficiente aí exigido agora não existe).

---

[67] A comunicação opera nos termos do art. 9.º, n.ºˢ 1 a 6 NRAU.

Mas há uma diferença marcante: agora não se impõem limites temporais para a realização dos aumentos futuros – diversamente do que sucedia no RAU (art. 34.º, n.º 2) e mesmo no actual regime (art. 1077.º, al. d), parte final CC, NRAU). Inexistem restrições quanto a esse aspecto. Desta sorte, os aumentos nunca serão à partida considerados perdidos, tudo dependendo em concreto da diligência do senhorio quanto à actualização anual. Comunicada regularmente esta ao inquilino – embora em data ulterior à devida –, aí se integram todos os aumentos do passado não realizados, mas apenas valendo para o futuro.

Justifica-se a orientação espelhada. Este aumento visa repor o equilíbrio inexistente. Não faria sentido que a falta de diligência do senhorio num dado ano deitasse a perder o valor do acréscimo.

No entanto, nos 30 dias posteriores à (recepção da) comunicação – mas não na altura em que ocorre o aumento – o arrendatário pode denunciar imotivadamente o contrato (art. 43.º, n.º 5, 1ª parte NRAU). Cabe-lhe efectuar a correspondente notificação ao locador, nos termos do art. 9.º, n.ºs 1 a 6 NRAU. A data da recepção daquela marca o início do prazo de 6 meses para que se efectue a desocupação (e a entrega) do prédio. Contudo, não há lugar a qualquer actualização de renda.

Quid juris se o senhorio remete ao inquilino com 5 meses de antecedência a comunicação referente à actualização da renda? Deve ser esse o critério a ter em conta? Parece-nos que não, sob pena de se desvirtuar a razão de ser do regime. A premissa de que o legislador terá partido pode sintetizar-se do seguinte modo: a comunicação do locador no prazo mínimo de 30 dias e o idêntico período concedido ao inquilino para extinguir o contrato fazem aproximar o momento da denúncia da data em que opera o aumento da renda. Daí que se essa notificação for muito distante do prazo de 30 dias, o período em causa contar-se-á desde a altura em que se efectiva a actualização da renda.

Note-se que se o inquilino não desocupa o locado no tempo devido, o senhorio pode socorrer-se do título executivo extrajudicial previsto no art. 15.º, n.º 1, al f), 2ª hipótese, NRAU, juntando o comprovativo da sua comunicação e o documento de resposta do locatário, o que lhe permite instaurar a competente acção executiva para entrega de coisa certa.

3.7. *O gradualismo na actualização da renda*

A actualização da renda não é sempre efectuada do mesmo modo. Os vários critérios definidos nos arts. 39.º, 40.º e 41.º NRAU traçam alguns limites ao aumento da renda.

Pode, de resto, afirmar-se que se acolhe o gradualismo quanto à referida actualização, impedindo que nos primeiros anos o impacto da renda seja muito elevado.

3.7.1. *O gradualismo no faseamento regra*

Comecemos pela apreciação do princípio geral quanto ao faseamento. Tendo como padrão de referência o prazo de 5 anos – a hipótese típica –, consagram-se dois critérios complementares, embora com prevalência do segundo sobre o primeiro.

Considerando que o faseamento se processa ao longo de todo aquele período, adoptam-se (cinco) regras que permitem atenuar nos primeiros anos uma subida substancial da renda: "um quarto da diferença", "dois quartos da diferença", "três quartos da diferença", "a renda comunicada" e, por fim, "a renda comunicada, actualizada de acordo com os coeficientes de actualização que entretanto tenham vigorado"[68] (art. 40.º, n.º 1, als. a), b), c), d) e e) NRAU).

Exemplifiquemos.

– a renda (vigente ao tempo da comunicação) ascende a 50 euros;
– a renda comunicada é de 350 euros;

Usando o primeiro critério, de acordo com as suas várias regras anuais, teríamos o seguinte cenário:

– 1.º ano: 350 – 50: 4 = 75 (um quarto da diferença) + 50 (renda vigente), ou seja, 125 euros;
– 2.º ano: 350 – 125: 2/4 = 112,50 (dois quartos da diferença) + 125 (renda vigente), ou seja, 237,50 euros, e assim sucessivamente.

---

[68] Daqui resulta o seguinte: tendo em conta que no último ano o aumento será menos elevado ou até escasso, o senhorio pode, em razão (de todos) os coeficientes de actualização que tenham vigorado ao longo dos respectivos 5 anos, proceder a uma repristinação desses coeficientes, aplicando-os agora. E sem limitações de qualquer espécie. A questão está em saber como fazer a aplicação dos coeficientes ao caso concreto. É que se se contabilizar a última renda (referente ao 5.º ano), a soma correspondente a todos os coeficientes é bem mais elevada do que se o respectivo coeficiente fosse aplicado ano a ano.

Utilizando unicamente este, o incremento da renda seria muito forte nos primeiros anos, diluindo-se nos períodos finais. Se tal se verificasse, este tipo de faseamento (em 5 anos) não seria real, aproximando-se até de um fraccionamento temporal mais reduzido.

Daí que se tenha adicionado um outro método que contrabalançasse aquele. Definem-se, concomitantemente, *plafonds* máximos para as actualizações anuais. Desta sorte, no 1.º ano o limite mensal da actualização é de 50 euros, nos 2.º, 3.º e 4.º esse limite ascende a de 75 euros. Todavia, nestes casos (2ª a 4.º anos), se o valor do aumento é inferior ao que resultaria do coeficiente anual de actualização é este o aplicável (art. 24.º, n.º 1 NRAU).

Ora, no quadro exposto, teríamos então a seguinte situação:

– no 1.º ano, o aumento seria de 50 e não de 75, de sorte que a renda mensal a pagar nesse ano seria de 100 euros (e não de 120);
– no 2.º ano, 350 – 100: 2/4 = 125 euros + 100 euros, ou seja, 225 euros (de acordo com o primeiro critério); complementando com o segundo, a renda aumentaria apenas 75 euros, sendo nesse ano de 175 euros.

3.7.2. O gradualismo no faseamento máximo

O modelo previsto no art. 41.º NRAU segue os mesmos princípios. No entanto, acolhem-se agora, quanto ao primeiro, outros parâmetros, a saber: "um nono da diferença" (art. 41.º, n.º 1, al. a) NRAU), "dois nonos da diferença" e assim por diante até ao 8.º ano (art. 41.º, n.º 1, als. b) a h) NRAU), valendo nos dois últimos a renda comunicada (art. 41.º, n.º 1, al. i) NRAU) e a renda máxima inicialmente proposta pelo senhorio, actualizada com coeficientes de actualização que entretanto tenham vigorado (art. 41.º, n.º 1, al. j) NRAU).

Já no que toca às outras restrições, mantém-se o mesmo esquema (50 euros mensais no primeiro ano, 75 euros nos anos subsequentes, sem prejuízo de uma actualização anual em função do coeficiente tradicional (art. 24.º, n.º 1 NRAU)).

Decorre do exposto, que parece ter-se afastado, à partida, durante o período da actualização extraordinária (em 5 ou em 10 anos), a actualização, também anual, em função do respectivo coeficiente publicado em Diário da República.

É discutível o critério adoptado, já que as suas funções são diferentes e perfeitamente compatíveis entre si. Aliás, com a aplicação global dos coeficientes a final, a renda pode aumentar significativamente, atendendo a que o valor de referência parece ser o da renda vigente no 5.º ano.

Mas, de acordo com tal orientação, é ainda menos perceptível o disposto no art. 40.º, n.º 2, *in fine* e art. 41.º, n.º 2, *in fine* ambos do NRAU. Queremos com isto dizer que há uma certa *promiscuidade* entre o aumento extraordinário e o coeficiente anual, pois aplicar-se-á este quando a subida for superior à que resulta do critério que subjaz àquele.

3.7.3. O gradualismo no faseamento curto

Chegados aqui, cabe tratar do faseamento em dois anos.

O modelo seguido é bem diverso. Caem algumas das premissas anteriores e muitas das limitações impostas. Todavia, permanece um certo gradualismo, muito ligeiro.

Adopta-se um único critério: "o da metade da diferença" (art. 39.º, al. a) NRAU). Há, pois, que subtrair, no 1.º ano, à renda vigente a renda comunicada (100 – 450). Do valor encontrado (350) retira-se metade (175). Essa importância é adicionada à renda vigente (100 + 175). A nova renda mensal é de 275 euros.

Inexiste qualquer outra restrição quantitativa. O que se percebe tendo em conta que o aumento da renda se processa de modo muito célere.

Quanto ao 2.º ano, o novo valor é o da renda comunicada, a qual integra "os coeficientes de actualização que entretanto tenham vigorado" (art. 39.º, al. b) NRAU).

3.8. Subsídio de renda

3.8.1. Pressupostos da concessão

Regula-se, por outro lado, o direito do arrendatário habitacional ao subsídio de renda (art. 46.º NRAU) num diploma próprio – o DL 158//2006, de 8 de Agosto.

Os pressupostos da sua atribuição variam em função da idade do inquilino e do rendimento anual bruto corrigido do seu agregado familiar:

Prevêem-se dois tipos de requisitos que conduzem alternativamente à concessão do citado subsídio:

– a recepção pelo agregado familiar do arrendatário de um RABC inferior a 3 RMNA;
– a idade igual ou superior a 65 anos e a recepção pelo agregado familiar do locatário de um RABC inferior a 5 RMNA (cfr. art. 46.º NRAU e o similar art. 6.º DL 158/2006).

As condições exigidas impõem alguns esclarecimentos.

Em primeiro lugar, deve dizer-se que a concessão do subsídio é independente do tipo de faseamento (2, 5 ou 10 anos). Apenas relevam dois factores: o rendimento, num caso, este e a idade, no outro.

Os indivíduos com mais de 65 anos beneficiam de uma maior protecção em relação a todos os outros. O peso da idade e a debilidade económica jogam a seu favor. Estão em causa, portanto, os rendimentos do agregado familiar que oscilam entre 3 e 5 RMNA (ou seja, no ano de 2007, entre 16.926 euros e 28.210 euros).

Voltamos a realçar que pode desvirtuar esta leitura o facto de um dos sujeitos que convive com o inquilino ter formalmente a sua residência (fiscal) num outro local.

Importa, por fim, destacar que a deficiência com grau comprovado de incapacidade superior a 60% – que anda, nesta matéria, lado a lado com a idade avançada do inquilino (art. 37.º, n.º 3, al. b), art. 38.º, n.º 4, al. d) e art. 44.º, n.º 5 todos do NRAU) – não é, nesta sede, mencionada. Parece que o indivíduo em causa apenas tem direito ao mencionado subsídio se se preencher o primeiro circunstancialismo, ou seja, se o RABC do seu agregado familiar é inferior a 3 RMNA.

3.8.2. Impedimentos à concessão de subsídio

Há, porém, impedimentos à concessão do subsídio. Note-se que eles não resultam só do NRAU. Encontram-se até em maior número no DL 158/2006.

O primeiro consiste na actualização da renda – em dois anos – motivada por falta de residência permanente no imóvel (art. 45.º, n.º 1, art. 46.º, n.º 4 NRAU e art. 8.º, n.º 2, al. a) DL 158/2006).

Discutível é se também o n.º 2 do art. 45.º NRAU se integra nesse regime de excepção que, relembre-se, está sujeito ao faseamento geral.

Os desvios aí consagrados são variados e consideram distintas hipóteses. Pensamos que a norma em apreço – o art. 8.º, n.º 2, al. a) DL 158/2006 – é susceptível de interpretação restritiva, pois as situações previstas no citado n.º 2 do art. 45.º NRAU não envolvem a falta de residência permanente.

A segunda circunstância decorre de o montante mensal do subsídio de renda ser inferior a 5 % do valor do rendimento mínimo mensal garantido – RMMG (art. 8.º, n.º 2, al. b) DL 158/2006), que é, no ano de 2007, de 403 euros. Assim, se a soma a atribuir for menor que 20,15 euros, o inquilino não tem direito ao subsídio.

Mas há um outro conjunto de obstáculos à referida concessão do benefício, designados como casos de "indeferimento", mas que na prática redundam na não concessão do subsídio (ver o proémio do art. 8.º, n.º 1 DL 158/2006)[69].

As três alíneas do n.º 1 do art. 8.º DL 158/2006 regulam tais proibições. Cabe enunciá-las, explicitá-las e encontrar uma justificação para a sua consagração.

Se a renda base calculada for igual ou superior à renda actualizada, o arrendatário perde a vantagem em causa.

Gera o mesmo efeito a aquisição – após o início do contrato de arrendamento – pelo locatário, pelo seu cônjuge ou pelo unido de facto, de imóvel para habitação (no mesmo concelho ou em áreas limítrofes) que se encontre desocupado.

Apenas se deve questionar quanto a este aspecto se o arrendamento desse imóvel por uma das citadas pessoas configura um acto equiparável ao prédio "desocupado". Parece-nos que aqui o inquilino, ainda que de forma mediata, está a usufruir de uma duplo proveito, pelo que o subsídio não deve ser deferido.

Na mesma situação se encontra o fornecimento no locado de serviços de hospedagem ou o subarrendamento (total ou parcial) do prédio. Aqui o locatário já percebe um dado montante pelos negócios em causa, pelo que não se justifica a concessão de um "outro" benefício.

---

[69] O art. 8.º DL 158/2006, cuja epígrafe é "indeferimento da atribuição do subsídio de renda", integra também os casos em que "não há lugar" à sua concessão (art. 8.º, n.º 2 do mesmo diploma).

Não se descure que a concessão deste subsídio faz cessar qualquer outro de idêntica natureza ou finalidade. Pela sua afinidade, não são cumuláveis (art. 9.º, n.º 1 DL 158/2006[70]).

3.8.3. Procedimento

Refiram-se, em seguida e de modo breve, os procedimentos inerentes à concessão do subsídio de renda.

O arrendatário deve solicitar a atribuição de tal vantagem junto dos serviços da segurança social da área onde reside, através de modelo próprio (art. 7.º, n.ºs 1 e 2 DL 158/2006).

Compete ao Instituto Nacional da Habitação (INH) comunicar ao requerente a sua decisão no prazo de 45 dias a contar da data da apresentação do requerimento (art. 7.º, n.º 3 DL 158/2006).

O subsídio, sendo atribuído, tem um período de duração de 12 meses[71]. É em princípio prorrogável, de modo automático, desde que não se alterem os requisitos que presidiram à sua concessão (art. 13.º DL 158//2006).

A sua base pode modificar-se a qualquer momento, seja por via da diminuição ou do aumento dos rendimentos, da composição do agregado familiar, da morte do inquilino, ou por quaisquer outras causas. Verificada essa mutação, há que proceder à re-apreciação das actuais circunstâncias para avaliar se se mantêm ou não os seus fundamentos (art. 14.º DL 158/2006).

3.8.4. Montante do subsídio

Vejamos agora o montante do subsídio.

Este corresponde "à diferença entre o valor da renda nova e o valor da renda base calculada" (art. 11.º, n.º 1 DL 158/2006).

---

[70] Aliás, a concessão de subsídio de renda importa a extinção imediata do rendimento social de inserção, regulado no DL 283/2003, de 8 de Novembro (alterado pelo DL 42/2006, de 23 de Fevereiro).

[71] É devido no mês seguinte ao da apresentação do requerimento (art. 13.º, n.º 1 DL 158/2006) e é pago mensalmente ao seu titular ou aos seus representantes legais ou até a pessoas consideradas idóneas pelo INH (art. 12.º, n.ºs 1 e 2 DL 158/2006) e, em princípio, por transferência bancária (art. 12.º, n.º 3 DL 158/2006).

Fixa-se, no entanto, um limite máximo à concessão: a importância mensal a pagar não pode exceder o valor correspondente a uma RMMG. Como afirmámos, no ano de 2007 está fixada em 403 euros.

Relembre-se que há um limite mínimo (também mensal): o valor do subsídio deve ser superior a 5 % do RMMG (portanto, de 20,15 euros), sob pena de não haver lugar àquele.

3.9. *Alteração das circunstâncias*

A actualização da renda, em razão dos distintos períodos de faseamento em que a mesma se processa, está assente numa específica base. Como vimos, o rendimento do agregado familiar do arrendatário ou as outras condições (a idade avançada, o grau de deficiência) servem para efectuar o cálculo desse faseamento. Se as circunstâncias que presidem a essa base se modificam, então é razoável que tenha de se determinar (novamente) se estão preenchidas.

São essas regras que se encontram previstas no art. 47.º NRAU.

3.9.1. *Alteração das circunstâncias do agregado familiar do arrendatário*

a) A variação do rendimento do agregado familiar

A primeira hipótese decorre da modificação do rendimento do agregado familiar do arrendatário.

Este é susceptível de mutação em função de vários condicionalismos. Não se esqueça que o referido agregado engloba um conjunto vasto de pessoas (art. 2.º DL 158/2006). O aumento ou a diminuição do rendimento de um ou de vários sujeitos que compõem aquele (*v.g.*, gerada por um novo emprego com mais rendimento ou pelo desemprego), a doença do arrendatário que o impede de residir temporária ou permanentemente no locado (art. 2.º, n.º 3 DL 158/2006), podem modificar os parâmetros iniciais tidos em conta.

Dispõe o art. 47.º, n.º 1, 1ª parte NRAU que a alegação (e a comprovação com a junção do respectivo documento do serviço de finanças) pelo inquilino de um RABC inferior a 5 RMNA deve ser demonstrada anualmente.

Uma possível *perturbação* das condições iniciais é, assim, avaliada ano após ano.

Quanto às circunstâncias de tempo e de solenidade, assinala o citado preceito que o locatário deve fazer a respectiva prova do rendimento junto do senhorio no mês em que invocou esse facto pela primeira vez, devendo para o efeito utilizar o mesmo mecanismo formal (art. 48.º, n.º 1, 2ª parte NRAU).

Realizada a comunicação pelo inquilino, há dois caminhos possíveis:

– a manutenção, dentro dos limites fixados, do rendimento do agregado familiar (sendo, portanto, menor que 5 RMNA); a renda e o faseamento para o ano subsequente permanecem imodificados;
– a alteração do rendimento do agregado familiar ultrapassa o limite previsto, com a consequente transformação do valor da renda e do próprio faseamento.

Esta hipótese encontra-se prevista no art. 48.º, n.º 2 NRAU. Mas também aqui podem ocorrer duas possibilidades:

– o RABC é igual ou superior a 5 RMNA, embora inferior a 15 RMNA; a renda e o faseamento variam em função do rendimento; a actualização far-se-á em 5 anos.
– o RABC é igual ou superior a 15 RMNA; a actualização far-se-á em 2 anos.

Portanto, as mutações aqui suscitadas são aquelas que favorecem o senhorio, já que o faseamento é mais curto do que o previsto inicialmente.

Não se excluem naturalmente os casos opostos, ou seja, é o inquilino que sai beneficiado com a alteração das circunstâncias, passando a aplicar-se um regime de faseamento mais longo em relação ao inicial.

Se assim for, incumbe ao inquilino demonstrar, através de documento emitido pelo serviço de finanças competente, ter auferido no ano transacto um RABC inferior ao escalão que originou a actualização inicial (art. 47.º, n.º 3 NRAU).

b) Outras circunstâncias

Não se prevê na norma se a falta de residência permanente do arrendatário do locado, nos termos do art. 45.º, n.º 1 NRAU (que dá portanto origem ao faseamento em 2 anos), ocorrida posteriormente à actualização da renda (faseada em 5 ou 10 anos), envolve uma alteração das circunstâncias.

A disposição trata literalmente da modificação das condições decorrente do rendimento do agregado familiar.

Parece-nos, contudo, que a situação em apreço é àquela equiparável, embora não seja demonstrável por documento. No entanto, não se deve descurar que naquele caso o senhorio "tem direito à renda assim actualizada enquanto não for decidido o contrário" (art. 45.º, n.º 3, 2ª parte NRAU).

A razão de ser do art. 47.º NRAU é a de prevenir contra alterações que provoquem mutações no regime do faseamento da renda. Doutra forma, estaria criado um desequilíbrio grave em detrimento do locador, que se veria impedido de invocar aquela relevante vicissitude.

3.9.2. *Alteração das circunstâncias provocada por morte do inquilino*

Como sabemos, o decesso do arrendatário pode importar a transferência da sua posição contratual para os sujeitos indicados no art. 57.º NRAU.

Ora, a transmissibilidade pode afectar qualquer das circunstâncias invocadas pelo senhorio. Aliás, é muito natural que a interferência seja até em mais do que uma das (três) condições definidas no preceito citado, *v.g.*, a idade e o rendimento do agregado familiar.

As modificações operadas são susceptíveis de determinar o aumento ou a diminuição do faseamento[72].

Repare-se ainda que, com o falecimento do inquilino e com a subsequente comunicação da transmissão realizada pelo sucessor, pode discutir-se a partir de que momento é devido o novo faseamento.

---

[72] Naturalmente que nada obsta a que haja alteração das circunstâncias, mas o regime de faseamento permaneça o mesmo. Basta pensar-se que o agregado familiar do arrendatário era inferior a 5 retribuições mínimas nacionais anuais e que, apesar do seu falecimento, se mantém a esse nível, mas o cônjuge que lhe sucedeu na posição contratual tem 66 anos, sendo portanto mais velho alguns anos que o *de cujus*. Há aqui uma modificação das condições iniciais não relevante ao nível do período de faseamento, que se mantém em 2 anos.

Retira-se um relevante argumento de texto no sentido da actualização imediata a partir da data em que ganha eficácia a cessão da posição de inquilino: "passa [desde logo] a aplicar-se o faseamento adequado à nova situação" (art. 47.º, n.º 4 NRAU).

3.9.3. *Alteração das circunstâncias provocada por transmissão entre vivos da posição arrendatícia*

Nada dispõe o art. 47.º NRAU quanto à transmissão entre vivos da situação de arrendatário e a uma eventual alteração das circunstâncias. Figure-se o divórcio ou a separação judicial de pessoas e bens, sendo que o casal chegou a acordo quanto à cessão da posição locatícia (art. 1105.º, n.º 1 CC, NRAU).

É muito natural que, por esta via, se mudem as premissas que serviram de base à actualização faseada da renda: o cônjuge pode ter menos de 65 anos (ao contrário do anterior inquilino); a alteração do agregado familiar pode provocar uma modificação no tipo de faseamento.

A nosso ver, não pode desconsiderar-se esta possibilidade. O art. 47.º, n.º 4 NRAU, que só alude à transferência da "posição contratual [por morte] para quem não reúna qualquer dessas circunstâncias", deve ser interpretado extensivamente, de molde a abranger a hipótese equacionada. A sua razão de ser – toda a norma, de resto, espelha essa orientação – é a de "combater" qualquer mutação, independentemente de quem quer que seja o beneficiado.

3.9.4. *As regras da transição para o novo regime de faseamento*

O art. 47.º, n.ᵒˢ 5 e 6 NRAU aborda, por outro lado, a temática da "transição entre regimes". Do que se trata é de conhecer como se processa a passagem, *v.g.*, dum faseamento longo para um faseamento mais curto ou vice-versa.

O critério utilizado é o seguinte: à nova renda aplica-se o valor que for imediatamente superior à renda em vigor, no escalonamento de actualização correspondente ao novo regime de faseamento; nos anos posteriores as actualizações processam-se de acordo com o escalonamento respectivo.

Vejamos um exemplo:
- o valor patrimonial tributário é de 50.000 euros; o coeficiente de conservação é de 0,9; a renda não actualizada ascende a 50 euros;

– à renda calculada para um faseamento em 10 anos acresce, no primeiro ano (e nos que se lhe seguem), 11,11 euros, sendo nesse ano portanto de 61,11 euros;
– com a morte do arrendatário (durante o primeiro ano), o faseamento é agora de 5 anos; assim, a nova renda mensal será de 86,11 euros, correspondente a 61,11 euros + 25,00 euros (o valor inerente à actualização em 5 anos no segundo ano); nos anos subsequentes à nova renda acresce ainda o valor de 25,00 euros[73].

Note-se que se esta regra importar a passagem para um regime de faseamento mais célere e se der origem a um aumento não superior ao que seria devido se essa transição não ocorresse, há que aplicar o escalão seguinte.

3.10. Direito do arrendatário à realização de obras de conservação

Se o senhorio não tomar a iniciativa de actualização da renda e, consequentemente, não se determinar o estado e o nível de conservação do imóvel, bem como o correspondente coeficiente, é possível ao arrendatário accionar um mecanismo alternativo cujo efeito principal é o de intimar o locador à realização de obras.

Nestes termos, solicitará à comissão arbitral municipal (CAM) que promova a determinação do nível de conservação. Sendo este menor que 3, o inquilino dispõe do citado direito de intimação.

Caso o senhorio não as inicie (ou as suspenda depois de as começar), o arrendatário parece dispor de uma *tríplice escolha*, ao abrigo do art. 48.º, n.º 4 NRAU:

– executa as obras, subtraindo às rendas a pagar o valor gasto (al. a));
– solicita à câmara municipal a realização de obras coercivas (al. b));
– compra o imóvel pelo valor da avaliação, estando obrigado à realização das obras; se não as fizer, o senhorio pode readquirir o imóvel (al. c)).

---

[73] Os cálculos foram efectuados de acordo com números aleatórios que inserimos no simulador do *site* http://www.arrendamento.gov.pt ou ainda especificamente no http://www.portaldahabitacao.pt/pt/nrau/home/Simuladores.html.

Como veremos *infra*, em sede de regime transitório especial, onde estudamos pormenorizadamente o tema, apenas as duas primeira hipóteses constituem uma verdadeira opção, já que a última está dependente de pressupostos mais exigentes[74].

§ 2. COMPENSAÇÃO POR OBRAS REALIZADAS PELO ARRENDATÁRIO

1. Nota introdutória

O art. 29.º, n.ᵒˢ 1 e 2 NRAU trata da questão de saber se o arrendatário habitacional tem direito a uma indemnização por obras que efectuou.

Deve, em primeiro lugar, salientar-se uma importante limitação decorrente do normativo: só se aplica aos arrendamentos habitacionais vinculistas anteriores ao RAU.

A norma em apreço regula, em sede habitacional, duas possibilidades: o n.º 1 é uma regra supletiva, portanto derrogável mediante vontade das partes em sentido contrário expressa no contrato vinculista muito antigo[75] (cfr. art. 29.º, n.º 1, 1ª parte NRAU)[76]; o n.º 2, ao invés, tem carácter imperativo (cfr. a parte final do art. 29.º, n.º 2 NRAU). Cabe examiná-las com mais detalhe.

2. Regime geral

Vejamos, em primeiro lugar, os condicionalismos e o alcance do "direito à compensação" do art. 29.º, n.º 1 NRAU.

---

[74] Cfr. *infra* SEC. IV, § 2.

[75] Não é pensável que as partes, quando contrataram no passado e de acordo com as regras de outrora, tenham especificamente previsto esta hipótese. De todo o modo, isso poderá ter resultado de um clausulado geral típico acolhido na contratação.

[76] De notar que esta disciplina é inteiramente semelhante ao regime vigente para as obras realizadas à luz do NRAU (art. 1074.º, n.º 5 CC).

2.1. *A cessação do contrato*

O direito do inquilino à compensação pressupõe a "a cessação do contrato" de arrendamento. Aliás, o art. 29.º, n.º 1 NRAU é bem claro quanto a este aspecto ao afirmar que apenas o seu termo "dá ao arrendatário direito a compensação..." (sublinhado nosso).

Não se distinguem os modos de extinção do negócio, pelo que pode este terminar por caducidade, por denúncia, por oposição à *renovação*, por resolução ou por mútuo acordo.

Acresce que parece ser irrelevante se a causa da extinção é imputável ao arrendatário (por exemplo, a falta de pagamento da renda, a utilização do locado para fim diverso) ou ao senhorio (*v.g.*, a não execução de obras que lhe competia fazer)[77].

2.2. *A legitimidade activa do arrendatário*

As expressões acima identificadas levantam, porém, algumas questões.

A primeira decorre do facto de se fazer simplesmente referência ao "arrendatário". Nada mais se específica. Portanto, cabe virtualmente aqui qualquer inquilino. O originário, o equiparável ou aquele para quem eventualmente se transfere a posição jurídica.

Nas duas primeiras hipóteses não se suscitam particulares dúvidas.

Se cessa o contrato, o locatário pode obter, verificados os respectivos pressupostos, uma compensação do senhorio.

Caso haja lugar à transmissão entre vivos para o cônjuge que só não interveio no contrato porque o chefe de família era o marido que o celebrou, dúvidas não temos quanto à possível transmissibilidade do direito a uma compensação, por efeito de partilha dos bens do casal.

O problema ganha maior acuidade quando há transferência da posição contratual *inter vivos* para o cônjuge (não equiparável), sendo que as obras foram suportadas pelo primitivo arrendatário, ainda solteiro.

Quem tem direito a ser ressarcido pelas obras efectuadas, *v.g.*, a construção de uma lareira no locado com consentimento expresso do

---

[77] Ressalva-se naturalmente a resolução pelo senhorio por obras não licitamente efectuadas pelo inquilino, como termos oportunidade de constatar.

senhorio? O direito transfere-se com a cessão da posição contratual ou permanece na esfera do ex-inquilino? Caso se considere esta última via, quando pode ele exercê-lo?

Acolhendo uma interpretação meramente literal da disposição, o contrato não se extinguiu, pelo que não pode o ex-inquilino (ou eventualmente o transmissário) obter qualquer indemnização antes disso.

Diga-se que o legislador terá pensado apenas na situação típica da cessação do contrato com entrega do locado. É essa a construção que subjaz aos dois posteriores números da disposição.

De todo o modo, a mesma realidade integra várias outras normas civilistas e um regime arrendatício. Vejam-se o art. 1138.º, n.º 1 (referente ao comodatário), os arts. 1450.º, n.º 2 e 1459.º, n.º 2 (atinentes ao usufrutuário) todos do Código Civil e o semelhante art. 15.º, n.º 1 DL 385/88, de 25 de Outubro (que disciplina o arrendamento rural).

Mas há que resolver os problemas da transmissibilidade (ou não) do direito a uma compensação e o do momento do exercício do direito.

O acordo de partilha, em sede de divórcio, pode definir a transferência do direito a uma compensação para o novo inquilino. Parece que, por outro lado, só no termo do contrato este pode obter a referida compensação.

2.3. *A licitude das obras*

O inquilino há-de ter realizado obras, de forma lícita, no prédio arrendado. Excluem-se assim *a contrario* todas as outras que não tenham obedecido às exigências dos preceitos do passado (por exemplo, as que modificam a disposição interna do prédio sem autorização escrita do senhorio – art. 64.º, n.º 1, al. d) RAU)[78].

---

[78] Aqui aplicar-se-á o regime do art. 1046.º, n.º 1 CC, sendo o locatário equiparado ao possuidor de má fé, não lhe assistindo porém qualquer direito de retenção, sem prejuízo da resolução do contrato pelo senhorio. Seguimos assim a interpretação de MENEZES LEITÃO, Arrendamento Urbano, cit., p. 46.

2.4. Tipos de obras

Questionar-se-á qual o tipo de obras equacionadas. O art. 29.º, n.º 1 NRAU manda aplicar o regime das benfeitorias realizadas pelo possuidor de boa fé, equiparando-se, portanto, o arrendatário a este[79].

Em termos gerais, o art. 216.º CC alude a três tipos de benfeitorias. Por um lado, as que têm por fim evitar a perda, destruição ou deterioração da coisa (ditas necessárias). Por outro lado, as que não sendo indispensáveis para a conservação do bem, lhe aumentam o valor (qualificadas como úteis), E ainda as que servem apenas para recreio do benfeitorizante (designadas por voluptuárias).

Acresce que deve conjugar-se o regime aplicável às benfeitorias em causa com a perspectiva seguida no art. 29.º NRAU, ou seja, com a qualificação atribuída ao arrendatário, tido como possuidor de boa fé. Daí que se imponha o emprego dos arts. 1273.º a 1275.º CC.

2.5. Efeitos

Pode afirmar-se que o inquilino deve ser indemnizado pelas benfeitorias necessárias que executou no prédio (art. 1273.º, n.º 1 CC). Tem ainda, em princípio, direito a levantar as benfeitorias úteis realizadas no prédio arrendado, desde que o possa efectuar sem detrimento da coisa. Se o levantamento não for possível (em razão da deterioração que provoca), o senhorio deve satisfazer o valor daquelas, de acordo com o regime do enriquecimento sem causa (art. 1273.º, n.º 2 CC).

Note-se que a obrigação de indemnização a que se encontra adstrito o locador é passível de compensação com o eventual ressarcimento dos danos a suportar pelo arrendatário, nos termos da responsabilidade civil, na sequência das deteriorações causadas por si no imóvel (art. 1274.º CC).

Em relação às benfeitorias voluptuárias, o inquilino tem direito a retirá-las desde que não haja detrimento da coisa. Caso contrário, não se

---

[79] O primeiro anteprojecto (RNAU) dispunha no art. 32.º que "os arrendatários [tinham ainda] direito [a uma indemnização] por benfeitorias realizadas no locado...".

Posteriormente, o anteprojecto NRAU determinava que "a cessação do contrato dá ao arrendatário direito a compensação pelas obras licitamente feitas, nos termos aplicáveis às benfeitorias realizadas por possuidor de boa fé" (art. 29.º).

mostra possível o seu levantamento, nem a obtenção de qualquer indemnização (art. 1275.º, n.º 1 CC).

Não se descure um eventual direito de retenção do locatário quando seja ele o obrigado a entregar o imóvel[80].

Se não houver acordo entre as partes, não lhe resta outra alternativa que não seja a instauração da competente acção judicial, no sentido de conseguir a referida "compensação". Quando lhe assista direito de retenção, o ónus de instauração da acção cabe, em princípio, ao senhorio.

3. Regime especial

Cumpre realçar agora o regime especial.

O art. 29.º, n.º 2 NRAU permite ao arrendatário habitacional obter igualmente uma compensação pelas obras que tenha licitamente efectuado.

O que dissemos *supra* aplica-se, com as necessárias adaptações, à hipótese em apreço, ressalvadas as situações atinentes à transmissibilidade da posição contratual, pois aqui tal via não se mostra possível.

As diferenças resultantes deste preceito em relação àquele outro são duas:

– a imperatividade da norma;
– a forte delimitação quanto aos modos de cessação do contrato.

Relativamente a este aspecto, restringe-se o alcance da disposição à denúncia do arrendatário. Mas nem sempre se emprega neste quadro. Apenas a extinção emergente da actualização extraordinária da renda num momento em que ela é desencadeada (art. 37.º, n.º 5 NRAU) ou nas datas em que as actualizações subsequentes ocorrem (arts. 39.º, 40.º e 41.º NRAU) ali cabem.

---

[80] Ver MENEZES LEITÃO, Arrendamento Urbano, cit., p. 139.

SECÇÃO QUARTA
*Regime transitório especial:
os contratos vinculísticos anteriores ao RAU*

I – Iniciativa do senhorio. § 1. Denúncia para demolição do prédio. 1. Âmbito e alcance do direito de denúncia. 2. Pressupostos da denúncia. 2.1. Material. 2.2. Procedimental. 3. Direitos do arrendatário. 3.1. Direito ao realojamento. 3.1.1. Seus termos. 3.1.2. O realojamento do ponto de vista do senhorio. 3.1.3. A renda e o faseamento aplicável. 3.1.4. A morte do arrendatário; a) Caducidade do contrato; b) Obrigação de restituição do imóvel. 3.2. Direito a indemnização. 4. Trâmites processuais. 5. Apreciação crítica. § 2. Obras de remodelação ou de restauro profundos. 1. Caracterização. 2. O direito de escolha do senhorio como regra; seus desvios. 2.1. Suspensão do contrato. 2.1.1. Forma e menções essenciais. 2.1.2. Resposta do arrendatário. 2.1.3. A reocupação do locado no fim das obras. 2.2. Denúncia para realização de obras de remodelação ou de restauro profundos.
II – Iniciativa do arrendatário. § 1. Realização de obras no locado pelo arrendatário. 1. As várias fases conducentes à execução de obras de conservação. 1.1. Requisitos *negativos*. 1.2. Outros requisitos: a intimação do senhorio para obras. 1.3. Os possíveis procedimentos em ordem à realização das obras pelo arrendatário. 1.4. O direito de escolha do arrendatário. 2. Obras a efectuar pelo arrendatário. 2.1. Destinatários, forma e conteúdo da comunicação da intenção de início das obras. 2.2. Limitação do âmbito de actuação do arrendatário. 3. Obras realizadas pelo arrendatário. 3.1. Compensação. 3.1.1. Os valores a ter em conta. 3.1.2. O período da compensação. 3.1.3. Cessação do contrato. § 2. Aquisição do prédio pelo arrendatário. 1. Requisitos. 2. O exercício do direito de aquisição. 2.1. A acção de aquisição. 2.1.1. Legitimidade e requisitos. 2.1.2. Tramitação. 2.1.3. A decisão judicial; a) Transmissão da propriedade; b) *Referência* aos deveres de reabilitação e de manutenção do prédio. 2.2. Deveres e faculdades legais pós-aquisição. 2.2.1. Dever de reabilitação do imóvel. 2.2.2. Faculdade de realização de obras que visem um estado de conservação superior. 2.2.3.

Dever de manutenção do imóvel. 2.2.4. Transmissão do prédio. 3. Direito de reversão do anterior proprietário. 3.1. Seus contornos. 3.2. Extensão do direito de reversão. 3.3. Condições da reaquisição. 4. Alcance da aquisição. 4.1. A aquisição das fracções autónomas necessárias à realização da obra. 4.1.1. Condições específicas. 4.1.2. Exercício do direito. 4.1.3. Outros impedimentos à aquisição pelo arrendatário das outras fracções autónomas. 4.2. A aquisição da totalidade do prédio não constituído em propriedade horizontal. 4.3. Aquisição de outras fracções arrendadas. 4.3.1. Legitimidade passiva. 4.3.2. Os titulares e os arrendatários das outras fracções. 4.3.3. Manutenção dos outros arrendamentos e actualização da renda. 4.4. Direito de preferência dos anteriores proprietários do prédio ou da fracção autónoma.

Num dos diplomas complementares, ulteriormente publicados, encontra-se o regime jurídico das obras em prédios arrendados – DL 157/2006, de 8 de Agosto – que revoga a Lei n.º 2.088, de 3 de Junho de 1957.

Esta disciplina visa resolver os problemas de degradação dos prédios objecto de arrendamentos muito antigos. Não é aqui suficiente impor um dever de conservação do locado, mas promover a sua efectiva reabilitação, que será apoiada financeiramente (e regulamentada) em relação ao proprietário, sendo que no tocante ao inquilino se permite, no limite, a aquisição do locado[81].

O texto em causa estabelece regras (gerais) para os contratos novos e (especiais) para alguns contratos antigos (os habitacionais celebrados antes da entrada em vigor do RAU[82]).

Interessam-nos neste trabalho apenas estes, ou seja, a disciplina transitória especial, aposta nos art. 23.º a 46.º DL 157/2006, sem prejuízo da aplicação dos arts. 4.º a 22.º "em tudo o não previsto" – art. 23.º, n.º 2 DL 157/2006. Regulam-se aí várias possibilidades:

– do lado do senhorio, a denúncia para demolição e a denúncia (ou eventualmente a suspensão) motivada por obras de remodelação ou de restauro profundos;

– do lado do arrendatário, a realização de obras no imóvel e a possibilidade de aquisição do prédio.

É esta a sequência da secção em estudo.

---

[81] Cfr. o Preâmbulo do DL 157/2006.

[82] E ainda aos não habitacionais concluídos antes da entrada em vigor do DL 257/95, de 30 de Setembro.

I – INICIATIVA DO SENHORIO

§ 1. DENÚNCIA PARA DEMOLIÇÃO DO PRÉDIO

1. Âmbito e alcance do direito de denúncia

Ao senhorio é permitida a denúncia do contrato com fundamento na demolição do locado (art. 1101.º, al. b), 1ª possibilidade CC, NRAU).
Essa faculdade é realçada no art. 7.º, n.º 1 DL 157/2006. O normativo utiliza vocábulos que expressamente o sugerem: "o senhorio pode denunciar ... quando pretenda demolir...". Parece assim estar na sua inteira disponibilidade seguir esse caminho. Não se encontra, à partida, condicionado por qualquer circunstancialismo, mas tão só dependente da mera vontade e do interesse do locador na sua realização.
Esta latitude da denúncia seria potencialmente aplicável a quaisquer negócios de tipo vinculístico.
Todavia, na secção III, em particular nos arts. 23.º ss. DL 157/2006, estabelece-se uma disciplina transitória específica para os arrendamentos habitacionais anteriores ao RAU (art. 23.º, n.º 1, al. a) DL 157/2006).
Aí determina-se que de denúncia do contrato pelo senhorio se encontra limitada. Está subordinada ao preenchimento dos pressupostos ínsitos no art. 7.º, n.º 2 DL 157/2006 ou, como expressa o art. 24.º, n.º 1 DL 157/2006, tal via "só existe" nesses casos.
A remissão efectuada no art. 7.º, n.º 2 DL 157/2006 respeita à parte final do proémio e às als. a) e b) do n.º 2 do art. 7.º DL 157/2006.
O direito de denúncia assenta, nos termos do art. 7.º, n.º 2 DL 157//2006, em dois requisitos (um material, outro procedimental), a saber:
 – a necessidade de demolição por força da degradação do prédio, definindo-se ainda dois sub-elementos que permitem aferir e concretizar esse estado;
 – a sua comprovação pelo município, depois de ouvida a CAM.

Numa outra hipótese – a emergente do art. 24.º, n.º 2 DL 157/2006 – mostra-se viável a demolição pelo locador atendendo à vertente técnica e em razão dos interesses do município.

2. Pressupostos da denúncia

Analisemos, em especial, a denúncia na situação descrita em primeiro lugar, por ser aquela que maior número de dificuldades é susceptível de causar.

2.1. *Material*

Como enunciámos, a denúncia para demolição está condicionada à verificação de dois pressupostos.

Um deles, de índole substancial, estabelece uma conexão entre a demolição e a degradação do imóvel.

Este último conceito é aqui o nuclear. O que está em causa é a perda significativa da qualidade do locado, que se deteriorou ao longo do tempo (de forma progressiva e acentuada) muito para além do que seria o seu desgaste normal.

À sua volta encontram-se dois sub-elementos que auxiliam na sua concretização, a saber:

– a degradação deve ser incompatível tecnicamente com a sua reabilitação;
– a degradação deve gerar risco para os respectivos ocupantes (art. 7.º, n.º 2.º, al. a) DL 157/2006).

Estes sub-elementos são cumulativos, o que significa que a existência de um só deles exclui a possibilidade de o senhorio exercer a denúncia com base neste fundamento.

Há que analisá-los em especial, tendo em conta os objectivos propostos pelo legislador.

Por um lado, a degradação do prédio não deve ser compatível, de acordo com os métodos científicos existentes, com a sua reabilitação. A técnica já não permitirá a regeneração ou a reposição do imóvel. Não parece, desta sorte, suficiente para o preenchimento deste sub-requisito que a situação do locado requeira trabalhos de correcção de difícil execução.

Acresce que a perda substancial do índice de qualidade do prédio deve ser susceptível de afectar a própria habitabilidade do imóvel ou de fazer perigar a saúde ou a vida do arrendatário e daqueles que com ele o ocupam. Não se especifica o grau de risco exigível. Mas não parece bastar um risco leve, *v.g.*, a mera falta de conforto, mas um perigo grave ou muito grave.

Repare-se que, no entanto, a faculdade de denúncia atribuída ao senhorio pode ser, em concreto, de difícil avaliação, atentos os vários conceitos indeterminados empregues.

2.2. *Procedimental*

Uma ulterior exigência de cariz procedimental se impõe: a comprovação pelo município do preenchimento das condições substanciais, o que envolve imperativamente a audição da respectiva comissão arbitral municipal (CAM) – art. 7.º, n.º 2, al. b) DL 157/2006.

A última palavra cabe ao município. Não se prescinde da fiscalização do nível da degradação do imóvel por uma entidade administrativa específica, autónoma e especializada. Exclui-se, por esta forma, um eventual conflito de interesses entre o locador e o inquilino.

O município actua em razão de interesses predominantemente públicos, sem que se deixe de atender, *in casu*, aos dos próprios ocupantes do imóvel. O senhorio pauta a sua conduta por interesses particulares. É isso que se procura compatibilizar.

3. Direitos do arrendatário

Na sequência da denúncia (do locador) para demolição do imóvel, o inquilino tem um direito de escolha, que deve exercer no tempo e no lugar adequados – na contestação da acção: ou opta pelo realojamento ou prefere uma indemnização.

Cabe apreciá-los em separado.

3.1. Direito ao realojamento

3.1.1. Seus termos

Nos contratos de arrendamento habitacional muito antigos, anteriores ao RAU, o inquilino sujeito à denúncia para demolição tem direito ao realojamento (art. 25.º, n.º 1, 1ª parte DL 157/2006).

Na petição inicial da acção, destinada a fazer cessar o contrato de arrendamento habitacional por denúncia, o senhorio deve indicar o "local destinado ao realojamento" (art. 25.º, n.º 1 parte final DL 157/2006).

A referência ao "local" significa que se deve dar a conhecer o exacto espaço proposto para a habitação do inquilino, que envolve não só a alusão ao sítio propriamente dito, como ainda a descrição do prédio (em especial, o tipo de habitação).

Vejamos os moldes e os contornos do realojamento.

Atende-se, por um lado, à zona territorial de localização do prédio, determinando-se que o realojamento é efectuado no mesmo concelho (art. 25.º, n.º 2 DL 157/2006).

O critério usado pode mostrar-se inadequado em face das circunstâncias concretas. A área de abrangência do realojamento é muito lata, principalmente se tomarmos em conta as grandes cidades. Exemplifiquemos.

Se o inquilino vive no concelho do Porto, na zona da Foz do Douro e o senhorio propõe a sua transferência para a localidade de Vila Meã, que dista uns largos quilómetros do locado onde habitava, não pode deixar de se conceber tal solução como pouco razoável.

O método será provavelmente mais apropriado nas pequenas cidades ou nas pequenas vilas, mas também aqui pode haver disparidades assinaláveis. Imagine-se que o arrendatário vive no concelho de Amares, na localidade de Águas de Figueira, e o imóvel proposto situa-se na localidade de Nossa Senhora do Fastio.

Mostrar-se-ia mais razoável, pelo menos, a utilização de um critério misto que atendesse igualmente à distância entre o prédio em que o arrendatário habitava e o novo sítio proposto e quiçá à grandeza do concelho. Evitar-se-iam, portanto, situações de denúncia do contrato sem direito do inquilino ao realojamento. Queremos com isto afirmar que o "realojamento no mesmo concelho" pode significar um desinteresse manifesto ou desincentivo forte do beneficiário naquele específico realojamento, gerando antes a escolha pela via indemnizatória, nos termos do art. 25.º, n.º 6 DL 157/2006.

Contudo, realce-se que se segue o enquadramento previsto na Lei 2.088, que aludia ao realojamento "num fogo do mesmo município..." (art. 5.º-A, § 2, com a redacção dada pelo art. 42.º da Lei 46/85, de 20 de Setembro), embora dele se afaste quando – noutras circunstâncias é certo – se fazia referência ao direito a ser realojado "na mesma freguesia ou limítrofe, no caso dos municípios urbanos, e na mesma localidade, nas restantes, caso o senhorio aí seja proprietário de fogo devoluto" (art. 5-A, § 3 Lei 2.088).

Depois exige-se que o realojamento seja efectuado em "condições análogas" àquelas em que o arrendatário vivia ou, como se dispõe no art. 1103.º, n.º 3, al. b) CC, NRAU ou em termos similares no art. 25.º, n.º 2 DL 157/2006, "às que este já detinha".

Centremos a nossa atenção neste aspecto.

As condições análogas parecem ligar-se essencialmente aos requisitos de habitabilidade.

De resto, o art. 25.º, n.º 2, parte final DL 157/2006 expressa essa ideia ao definir que não pode "o local a tal destinado encontrar-se em estado de conservação mau ou péssimo".

Assinale-se que a denúncia para demolição parece pressupor que o estado de conservação do locado é "péssimo". Ora, impedindo o legislador que o prédio de substituição se encontrasse num estado semelhante, a conclusão a que se chega é a de que a oferta do locador consistirá num imóvel cujo estado de conservação seja "médio" (e obviamente não em situação idêntica). Há que garantir condições mínimas de habitabilidade e uma segurança adequada para o arrendatário. Não se deve permitir, todavia que, nesta hipótese, o senhorio designe um prédio com o estado "bom". É o reflexo, de resto, de uma interpretação conforme ao art. 25.º, n.º 1 *in fine* DL 157/2006.

Destaque-se ainda que não parece atender-se ao circunstancialismo exterior que rodeia o locado. Queremos com isto aludir ao facto de o inquilino viver numa zona mais abastada e de lhe ser designado um local bastante menos "rico" para habitar. Pode daqui resultar uma diminuição clara da qualidade de vida, entre outros elementos.

3.1.2. *O realojamento do ponto de vista do senhorio*

O senhorio encontra-se adstrito, como vimos, a encontrar um espaço habitável para realojar o arrendatário.

Se o imóvel destinado a esse fim é sua propriedade – o que será uma hipótese não muito comum – a solução é relativamente simples.

Questão mais complexa, do ponto de vista prático (e também jurídico), se suscita no caso de ter que procurar um prédio para "arrendamento de realojamento". A indefinição da situação, já que o locador não sabe qual a escolha do inquilino, e a intervenção de um terceiro suscitam algumas perplexidades quanto a esta via.

3.1.3. *A renda e o faseamento aplicável*

Resulta, por outro lado, do diploma em apreço que o locador deve, logo na petição inicial da acção de denúncia para demolição, indicar qual a "respectiva renda" do *arrendamento de realojamento* (art. 25.º, n.º 1 DL 157/2006).

Apesar de já o termos implicitamente assinalado, releve-se que as condições análogas não envolvem a manutenção da renda antiga.

Portanto, a renda actual será naturalmente superior. Não se definem limites para o valor mensal a pagar pelo inquilino.

Todavia, a importância aposta na referida petição não tem carácter definitivo e é, por outro lado, susceptível de ser paga faseadamente.

Na contestação da acção, ao arrendatário cabe "invocar as circunstâncias previstas nas alíneas a) e b) do n.º 3 do art. 37.º NRAU" (art. 25.º, n.º 4). O que significa que a nova renda, maior que a antiga, pode ser actualizada num prazo de 10 anos, se se verificar uma das três possibilidades naquele previstas:

– o rendimento anual bruto corrigido do agregado familiar é inferior a 5 retribuições mínimas nacionais anuais;
– o inquilino já perfez 65 anos de idade;
– o arrendatário tem uma deficiência com grau comprovado de incapacidade superior a 60%.

A decisão judicial que fixa a renda a pagar observa os procedimentos gerais da actualização extraordinária.

Por um lado, obedece à mesma limitação percentual. O art. 25.º, n.º 3, parte inicial DL 157/2006 fixa, por efeito da remissão para o art. 31.º NRAU, esse *plafond* máximo. Deste modo, no *arrendamento de realojamento* aquela não pode exceder "o valor anual correspondente a 4% do valor do locado". Utilizam-se, como se constata, os mesmos critérios.

Por seu turno, o tribunal pronunciar-se-á quanto ao faseamento aplicável. A lógica que preside ao normativo é a da admissibilidade do pagamento faseado e, em princípio, gradual. É a consequência da aplicabilidade dos arts. 38.º ss. NRAU *ex vi* art. 25.º, n.º 3 DL 157/2006.

O arrendatário que pagava uma renda baixa não deve ser onerado de imediato, por efeito da demolição do imóvel, com uma renda bem mais elevada. O princípio geral é o do faseamento em 5 anos, podendo ser maior ou menor consoante se verifique o circunstancialismo previsto nos arts. 38.º, n.º 2 ou 37.º, n.º 3, ambos do NRAU.

Nos regimes geral ou de faseamento mais longo, o valor mensal a pagar pelo inquilino no *arrendamento de realojamento* é, em princípio, gradual (arts. 40.º, n.º 2 e 41.º, n.º 2 ambos do NRAU).

3.1.4. *A morte do arrendatário*

a) Caducidade do contrato

Há que saber o que sucede ao contrato de arrendamento por morte do inquilino habitacional.

O art. 25.º, n.º 5 DL 157/2006 consagra um desvio ao regime-regra proposto pelo art. 57.º NRAU. Relembre-se que este estabelecia um conjunto de sucessíveis quanto à posição de arrendatário.

Agora o decesso do inquilino importa a extinção do negócio por caducidade.

Esta disciplina, de igual sorte, apenas se aplica aos contratos (vinculísticos) anteriores ao RAU (art. 23.º, n.º 1 DL 157/2006).

Pode questionar-se a partir de que momento o facto em causa acarreta a cessação daquele. O texto legal auxilia em certa medida na resposta: alude-se à morte "do arrendatário [já] realojado" (art. 25.º, n.º 5, 1ª parte DL 157/2006). Não parecem relevar para este efeito quer a data da propositura da acção de denúncia para demolição, quer a pendência do processo judicial.

Assim, se o arrendatário falecer no decurso da acção vale inteiramente o art. 57.º NRAU. A sua posição contratual transmite-se de acordo com a sequência aí indicada. O beneficiário da transferência (por exemplo, o seu cônjuge) assume a posição do inquilino e ainda a sua situação no processo em curso.

Mas suscita-se um ulterior problema interpretativo: é a sentença transitada em julgado ou o realojamento de facto que faz operar a caducidade do contrato. A letra da lei sugere a última hipótese equacionada ("... [já] realojado"). Esta solução é, no entanto, discutível. Por um lado, não se fixa nenhum período para que se verifique o realojamento após a decisão, embora esta possa fazê-lo. O inquilino pode mesmo não a cumprir, o que envolve outro tipo de dificuldades. Parece-nos, pois, ser a primeira via aludida a determinar o momento da caducidade do contrato, por efeito da morte do arrendatário (desde que o senhorio tenha proporcionado efectivamente o realojamento).

b) Obrigação de restituição do imóvel

O decesso do inquilino e a consequente caducidade do contrato de arrendamento gera para os respectivos herdeiros uma obrigação de restituição do imóvel. Estabelece-se um prazo de 6 meses para o efeito, contado da data da morte (art. 26.º, n.º 5, parte final DL 157/2006).

Durante esse período, apesar de o contrato já ter terminado e desde que não tenha ocorrido a entrega – que naturalmente pode ser prévia aos seis meses –, cabe aos herdeiros efectuar o pagamento da respectiva renda.

A entrega anterior ao tempo máximo previsto evita o pagamento das rendas restantes.

Na falta de entrega (após os 6 meses), incumbe ao respectivo senhorio do locado instaurar a competente acção, tanto quanto parece declarativa.

Na verdade, não foi aqui criado (expressamente) qualquer título executivo extrajudicial. A solução mais próxima que se prevê no art. 15.º NRAU, para o caso de não desocupação do locado, é a da "caducidade do contrato pelo decurso do prazo" (art. 15.º, n.º 1, al. b) NRAU).

Esta situação é singular, pois estamos perante um "ocupante" do imóvel – sem título – que o devia entregar no prazo de 6 meses após a morte e que pode permanecer no locado durante um período longo sem que o senhorio nada possa fazer para evitar essa permanência.

3.2. Direito a indemnização

O arrendatário não tem que aceitar o realojamento que lhe é oferecido pelo senhorio. Em alternativa, dispõe de um direito indemnizatório[83]. Tal via está prevista no art. 25.º, n.º 6, parte final, nos termos do art. 6.º, n.º 1, al. a) – ainda aplicável *ex vi* art. 7.º, n.º 2, proémio – todos do DL 157/2006.

O montante em causa corresponderá "ao pagamento de todas as despesas e danos, patrimoniais e não patrimoniais, suportados pelo arrendatário". Competirá a este a prova de que sofreu prejuízos com a extinção do contrato.

Não se fixa um *plafond* máximo para o ressarcimento dos danos. Essa ausência de limitação, principalmente quando se *contabilizam* danos não patrimoniais, pode traduzir-se num impedimento de facto ao exercício pelo senhorio do direito de denúncia para demolição.

Ao invés, determina-se um valor indemnizatório mínimo. Este corresponde a 24 vezes a retribuição mínima mensal garantida – RMMG (art. 25.º, n.º 6, parte final DL 157/2006), equivalente, em 2007, a 9.672 euros (o resultado do produto 24 meses x 403 euros). Portanto, para receber esta importância parece não ser necessária a demonstração dos danos. A essa soma o inquilino terá sempre direito.

Note-se que se impõe até, embora para os outros contratos (portanto no regime geral), que o senhorio – nos 15 dias seguintes à propositura da acção – deve depositar, quando não pretenda assegurar o realojamento, a importância equivalente a 2 anos de renda (art. 8.º, n.º 3, 1ª parte DL 157/2006). Também em sede de direito transitório, mas quanto aos arrendamentos para fins não habitacionais, se exige o depósito no mesmo prazo (art. 26.º, n.º 2 DL 157/2006).

Ora, na hipótese concreta e mantendo a mesma coerência, mostra-se necessário o depósito da soma devida nos 15 dias posteriores à notificação da contestação.

Se o quantitativo em causa, a final, for superior àquele valor, a decisão não é proferida até que o remanescente se encontre integralmente pago (art. 8.º, n.º 4 *ex vi* art. 23.º, n.º 2 DL 157/2006).

---

[83] Não se fomenta o acordo das partes, como emerge do art. 1103.º, n.º 3 CC, NRAU.

Dispõe ainda o art. 8.º, n.º 5 DL 157/2006 que "o arrendatário [só] pode levantar o depósito [efectuado pelo senhorio] após o trânsito em julgado da sentença que declare a extinção do arrendamento".

Cabe tecer duas considerações relativamente a este assunto. Uma de índole formal, outra de cariz material.

Quando se alude ao "trânsito em julgado da sentença" que profere a denúncia, não parece poder interpretar-se que se trata exclusivamente da decisão de 1ª instância, podendo dar-se o caso – se houver recurso – que a referência seja o acórdão de um tribunal superior.

Por outro lado, o critério usado não é o mais adequado. Devia ter-se atendido ao momento da desocupação e da entrega do prédio e não ao aresto que "declare a extinção do arrendamento". É que pode suceder que o inquilino levante previamente a importância depositada, mas não abandone o imóvel.

4. Trâmites processuais

A denúncia para demolição está dependente da instauração de uma acção declarativa.

A sua tramitação é a usual. A petição inicial obedece, porém, a determinadas exigências (em especial, a indicação do local do realojamento e o valor da renda a pagar pelo arrendatário) – art. 25.º, n.º 1, *in fine* DL 157/2006 –, sem se esquecer os outros pressupostos, designadamente o projecto de arquitectura relativo à obra a realizar (art. 8.º, n.º 1 DL 157/2006).

Seguir-se-á a contestação do inquilino, onde este deve optar entre o realojamento ou a indemnização, podendo suscitar naquele caso a temática do faseamento da renda.

Sem prejuízo de outras peças ou incidentes processuais, e após o julgamento, é proferida uma sentença que declara a denúncia do contrato para demolição ou a falta de fundamento para a sua cessação. Naquela hipótese, a decisão fixa a renda a pagar pelo novo alojamento, assim como o faseamento aplicável.

5. Apreciação crítica

A medida que visa a reabilitação de imóveis degradados é de aplaudir. No entanto, nem sempre os caminhos escolhidos se mostram os mais adequados.

Aquela reabilitação é efectuada essencialmente à custa do proprietário do imóvel, que dele não dispõe há largos anos e que se encontra degradado sobretudo pela inércia legislativa.

O direito de escolha atribuído ao arrendatário – embora fictício, pois o direito ao realojamento, nos moldes em que está concebido, é susceptível de ser ultrapassado por um senhorio perspicaz e cumpridor dos requisitos legais – onera em demasia o locador.

Acresce que, do ponto de vista económico, se concedem mais vantagens ao inquilino (por via da atribuição de um montante ressarcitório mínimo) do que ao senhorio (que pode estar sujeito ao pagamento de uma importância desmesurada, sem limitações de qualquer ordem).

§ 2. OBRAS DE REMODELAÇÃO OU DE RESTAURO PROFUNDOS

1. Caracterização

É ainda admissível a denúncia pelo senhorio dos contratos de arrendamento para habitação (do passado) com base na realização de obras de remodelação ou de restauro profundos. Uma interpretação *a contrario* do art. 26.º, n.º 4, al. c) NRAU sustenta-o.

Todavia, o regime especial transitório decorrente da Secção III do DL 157/2006 apenas se aplica aos arrendamentos habitacionais anteriores ao RAU (art. 23.º, n.º 1, al. a) do citado diploma). Há que proceder ao seu exame.

A caracterização das mencionadas obras deve procurar-se no art. 4.º *ex vi* art. 23.º, n.º 2 DL 157/200, que as *define* em geral.

Não é, no entanto, dada a sua *noção* exacta. Faz-se referência a dois tipos de critérios empregues a qualquer das modalidades previstas (remodelação ou restauro): um geral e outro complementar, já que serve determinados objectivos.

Por um lado, alude-se à necessidade de "desocupação do locado [pelo arrendatário]" como condição para a realização das obras (art. 4.º, n.º 1 DL 157/2006), que não se definem. O método geral usado (o da conexão das obras com a desocupação do prédio) tem um cariz muito amplo e indeterminado, podendo suscitar algumas dificuldades do ponto de vista prático.

Adiciona-se ainda, como mecanismo complementar (mas determinante das vias a seguir pelo senhorio), um outro. Opõem-se as obras estruturais às não estruturais. A ele subjaz o modo como, depois de perspectivada a sua efectivação, se distribuem os fogos em relação ao que sucedia previamente (art. 4.º, n.º 2 DL 157/2006). Se tal distribuição é diversa, sem correspondência com a antiga, as obras são havidas como estruturais. Se é semelhante, então designam-se como não estruturais.

2. O direito de escolha do senhorio como regra; seus desvios

À partida, de acordo com os parâmetros assinalados, o senhorio parece ter inteira liberdade para exercer o direito de denúncia. Mas nem sempre assim será.

O art. 5.º, n.º 2 DL 157/2006 é aqui empregue por remissão do art. 23.º, n.º 2 DL 157/2006, o que significa que nalguns casos o locador está adstrito à suspensão do contrato em vez da denúncia.

Note-se, todavia, que fora das hipóteses previstas no preceito, assiste ao locador uma opção entre a denúncia e a suspensão do contrato[84].

Vejamos, com mais atenção, os contornos e as circunstâncias de utilização dos citados direitos.

O art. 5.º, n.º 1 DL 157/2006 enuncia a regra de que o senhorio, quando pretenda efectuar obras de remodelação ou de restauro profundos, tem um direito de escolha: ou denuncia o contrato ou suspende a sua execução pelo período de duração das obras.

Portanto, o princípio enunciado expressa uma certa flexibilidade quanto ao modo como é atribuído ao locador este poder.

---

[84] Embora não haja referências nos arts. 23.º ss. DL 157/2006, não oferecem dúvidas que a suspensão se mostra possível. Com efeito, se se permite a denúncia, igualmente se deve admitir a suspensão. A lei que permite o mais também possibilita o menos, naturalmente desde que se mantenha a tutela do inquilino.

Há, porém, situações em que a denúncia – como via alternativa e discricionária – não se mostra viável, apesar de as obras vincularem o arrendatário à desocupação do prédio. Dito de outro modo, "a suspensão do contrato é obrigatória" (art. 5.º, n.º 1 DL 157/2006).

Desde logo, a restrição actua se o senhorio pretender executar obras de cariz não estrutural (*v.g.*, as que não afectam as paredes mestras do imóvel). Como o resultado de tais obras mantém a distribuição dos fogos, não se permite ao locador a extinção do contrato de arrendamento (art. 5.º, n.º 2, 1ª parte DL 157/2006).

Mas o legislador vai um pouco mais além, impedindo a denúncia mesmo no caso de realização de obras estruturais. Contudo, aqui é imperioso que "se preveja a existência de local com características equivalentes às do locado após a obra" (art. 5.º, n.º 2, 2ª parte DL 157/2006).

Importa descrever cada uma das possibilidades enunciadas.

2.1. Suspensão do contrato

2.1.1. *Forma e menções essenciais*

A suspensão do contrato de arrendamento – facultativa ou imperativa –, impõe ao senhorio o dever de realojar o inquilino durante todo o período de execução das obras.

O realojamento "é feito no mesmo concelho e em condições análogas às que aquele já detinha, quer quanto ao local, quer quanto ao valor da renda e encargos" (art. 6.º, n.º 3 *ex vi* art. 23.º, n.º 2 DL 157/2006)[85].

Quanto à forma, prescinde-se da via judicial. Basta uma mera comunicação, ao abrigo do art. 9.º, n.ºˢ 1 a 6 NRAU e do art. 47.º DL 157/2006.

Há que inscrever nessa declaração dadas menções específicas, a saber:
– a intenção de proceder a obras que impliquem a desocupação do locado;
– o local e as condições do realojamento;
– a data do início e a duração previsível das obras (art. 10.º, n.º 1 DL 157/2006).

---

[85] Dispensamo-nos de repetir as críticas que fizemos ao critério usado. Remetemos para o que dissemos *supra* nesta secção.

O modo genérico como se discriminam, no art. 10.º n.º 1 DL 157/ /2006, estes três elementos pode traduzir algumas dificuldades práticas, quer para o senhorio, quer para o arrendatário.

Quanto à primeira indicação, que, no fundo, expressa o critério geral ínsito no art. 4.º, n.º 1 DL 157/2006, parece exigir-se pouco ao senhorio quanto à comunicação das obras a realizar. A mera intenção de execução daquelas é muito insuficiente à luz dos interesses em jogo. Deve, a nosso ver, ser mais específica e mais concreta quanto ao conteúdo de tais obras.

Note-se que o senhorio – no sentido de ultrapassar este problema – pode requerer à CAM "a indicação da necessidade de desocupação do locado pelo arrendatário durante a realização das obras" (art. 16.º, n.º 2, al. b) DL 161/2006). Trata-se de uma forma de se assegurar dessa necessidade, tornando ao mesmo tempo mais objectivo o resultado pretendido.

Acresce que, em relação ao segundo elemento, as circunstâncias do realojamento devem ser tão pormenorizadas quanto possível, sob pena de o inquilino não dispor dos dados que lhe permitam efectuar uma adequada avaliação.

Diga-se ainda que a inexistência de limitações à duração das obras é susceptível de gerar algumas dificuldades.

Releve-se, por fim, que o contrato de arrendamento apenas se suspende na data da desocupação do imóvel pelo inquilino (art. 10.º, n.º 6 DL 157/2006).

2.1.2. Resposta do arrendatário

Em sede de resposta, o locatário dispõe de vários caminhos:
– aceita a suspensão do contrato;
– denuncia o contrato de arrendamento (art. 10.º, n.º 2 DL 157/2006);
– declara que não aceita as condições propostas ou a suspensão do contrato (art. 10.º, n.º 3 DL 157/2006).

Na primeira hipótese, a mais simples, o realojamento processar-se-á de acordo com os parâmetros definidos pelo senhorio. O arrendatário ou declara junto deste a sua aquiescência ou remete-se ao silêncio, produzindo este efeito declarativo decorrido o prazo de um mês.

Na segunda situação, a extinção do contrato opera nos termos dos arts. 9.º, n.ºs 1 a 5 NRAU, no prazo de 30 dias, contado da data da notificação do locador. O decurso do prazo, sem a devida resposta do inquilino, tem como consequência a eficácia da suspensão. O momento em que a cessação do contrato releva é determinado pelo próprio locatário. No entanto, terá de se situar entre a data em que recebeu a comunicação e o momento do início das obras.

No último caso, impõe-se a sua comunicação ao senhorio (art. 10.º, n.º 3 DL 157/2006). O prazo é igualmente de 30 dias após a declaração deste último (art. 10.º, n.º 5 DL 157/2006), sob pena de se produzir a consequência assinalada. A notificação de oposição à suspensão permite ao locador recorrer à respectiva CAM. Seguida esta via, a entidade em apreço pronunciar-se-á sobre o tema, tendo *in casu* competência decisória (art. 17.º, n.º 1, al. b) DL 161/2006). Tendo em conta o valor de decisão arbitral que lhe é atribuído, cabe recurso para o tribunal de comarca, com efeito meramente devolutivo (art. 17.º n.ºs 4 e 5 DL 161/2006).

2.1.3. A reocupação do locado no fim das obras

Terminadas as obras, incumbe ao senhorio notificar o arrendatário desse facto (art. 10.º, n.º 7 DL 157/2006).

Não se alude a qualquer prazo para a realização da comunicação. Pensamos que o mesmo período de 30 dias, previsto para as comunicações atinentes a esta matéria, deve ser observado.

Por sua vez, o inquilino encontra-se adstrito a reocupar o locado no prazo de 3 meses após a recepção da comunicação do senhorio. Se o não fizer, o contrato de arrendamento, em princípio, caduca (art. 10.º, n.º 7 DL 157/2006).

Prevê-se ainda a possibilidade de haver justo impedimento – ou seja, o evento não imputável à parte que obste à prática atempada de um acto (art. 16.º, n.º 1 NRAU) –, o qual é susceptível de ser invocado para impedir a cessação do contrato (art. 10.º, n.º 7 DL 157/2006).

2.2. Denúncia para realização de obras de remodelação ou de restauro profundos

Há igualmente um regime especial transitório aplicável aos arrendamentos habitacionais anteriores ao RAU, portanto para os contratos vinculísticos "muito antigos" (art. 23.º, n.º 1, al. a) DL 157/2006).

Tal disciplina – no tocante ao realojamento do inquilino – não diverge, da temática da denúncia para demolição. Aliás, encontra-se aposta no mesmo normativo – o art. 25.º DL 157/2006 –, sem que haja aí qualquer distinção entre as matérias, seja do ponto de vista substantivo, seja do ponto de vista processual.

II – INICIATIVA DO ARRENDATÁRIO

O diploma que temos vindo a analisar permite ao inquilino efectuar obras no local arrendado, facultando ainda, em certas condições, a aquisição do prédio pelo locatário. Tais caminhos podem ser desencadeados por este. No entanto, não estão dele inteiramente dependentes, mas de circunstâncias exógenas.

§ 1. REALIZAÇÃO DE OBRAS NO LOCADO PELO ARRENDATÁRIO

1. As várias fases conducentes à execução de obras de conservação

1.1. *Requisitos* **negativos**

A realização de obras pelo inquilino, no prédio em que habita, está dependente da verificação de um conjunto alargado de requisitos cumulativos e de procedimentos diversos, que se desdobram (ou se podem desdobrar) em várias etapas.

Destacamos, desde logo, dois deles: os que respeitam ao modo como deve ter actuado o locatário na vigência do contrato de arrendamento. São exigências de tipo comportamental, que tendencialmente se não reportam ao momento presente.

Determina-se, por um lado, que as obras em causa – que são exclusivamente as de conservação (ordinária ou extraordinária) do imóvel –, não devem estar a cargo do inquilino (art. 29.º, al. a) DL 157/2006). Se a este competisse executá-las no passado naturalmente que não poderia utilizar este mecanismo, que visa uma finalidade bem diversa.

Para além disso, o estado de degradação do prédio não deve resultar da sua actuação ilícita (art. 29.º, al. b) DL 157/2006).

1.2. Outros requisitos: a intimação do senhorio para obras

Dispõe a lei acerca de um outro tipo de condições.

Pressupõe-se a determinação pela CAM do estado de conservação do prédio e, portanto, que o senhorio tenha desencadeado o procedimento relativo à actualização extraordinária da renda, ao abrigo dos arts. 30.º ss. NRAU.

Caso aquele estado tenha sido qualificado como "mau" ou "péssimo", o inquilino tem a faculdade de intimar o locador para que execute as "obras necessárias à obtenção de um nível [ou melhor de um estado] mínimo de médio" (art. 30.º, n.º 1 DL 157/2006).

Pode discutir-se se o preceito é, neste último, aspecto imperativo ou se se permite ao senhorio proceder a obras que aspirem a um estado de conservação superior. Quanto a nós, nada impedirá que o locador o faça, já que está em causa um imóvel que é seu, sendo certo que isso pode significar um aumento de renda bem mais elevado. A norma parece ser, neste aspecto, de mínimos.

A intimação para obras do senhorio (pelo inquilino) deve ser realizada por "escrito" (art. 30.º, n.º 4 DL 157/2006), o que significa, em bom rigor, a aplicação do disposto no art. 9.º, n.ºˢ 1 a 6 NRAU, por força da remissão do art. 47.º DL 157/2006.

Não se exigem requisitos mínimos quanto ao conteúdo. Porém, a declaração deve conter a referência ao contrato de arrendamento, ao estado do locado e à necessidade de efectuação das obras necessárias à obtenção de um estado de conservação mínimo (correspondente ao "médio"), de acordo com a escala atrás apresentada.

1.3. *Os possíveis procedimentos em ordem à realização das obras pelo arrendatário*

Prevêem-se, em seguida, vários caminhos tendo em vista a execução, pelo arrendatário, das obras de conservação.

Vejamos as circunstâncias alternativas a ter em conta:
- o senhorio, intimado à execução, não inicia as obras no prazo de 6 meses (art. 30.º, n.º 2, 1ª hipótese DL 157/2006);
- o senhorio declara que não pretende realizar tais obras dentro desse período (art. 30.º, n.º 2, 2ª hipótese DL 157/2006);
- o senhorio, depois de ter começado as obras, suspende as mesmas, não as retomando em 90 dias; exige-se nova intimação ao senhorio para que as reinicie num prazo máximo de 30 dias (art. 31.º, n.º 2 DL 157/2006).

Quanto à primeira via, deve dizer-se que se verifica ainda que o senhorio tenha expressamente referido que não ia executar aquelas. É independente das declarações do locador. O prazo de 6 meses indicado é razoável, mas nada parece impedir que, por acordo das partes, possa ser mas extenso.

Relativamente à segunda situação, exige-se que a declaração do senhorio seja realizada por escrito (art. 30.º, n.º 2 DL 157/2006), ou melhor, de acordo com o art. 9.º, n.ºs 1 a 6 NRAU *ex vi* art. 47.º DL 157/ /2006. Para além disso, parece ter carácter peremptório, muito embora a falta de realização das obras ou o seu silêncio conduzam à mesma consequência, isto é, a possibilidade de o arrendatário as poder executar.

Este requisito formal da comunicação suscita outras questões. O que sucede se o senhorio, *v.g.*, impõe condições para a realização das obras? Portanto, pode verificar-se em concreto algum atraso na execução das obras, permitindo-se até que o locador protele a situação.

Em relação à última possibilidade mencionada, as circunstâncias da suspensão podem levantar alguns problemas. *Quid juris* se o senhorio (re)iniciar e suspender as obras de modo constante? O que ocorre se executa as obras com extrema lentidão? O princípio da boa fé serve aqui como mecanismo fundamental para apreciar a legalidade da sua conduta.

1.4. O direito de escolha do arrendatário

Ocorrido qualquer daqueles 3 factos, ao arrendatário assiste um direito de escolha:
- toma a iniciativa da sua execução; ou
- solicita ao município competente a execução das obras coercivas (art. 30.º, n.º 2 DL 157/2006).

Esta última hipótese permite ao inquilino, em última instância, a realização das obras em causa, se o senhorio, instado pelo município, não as executar no prazo imposto (art. 31.º, n.º 1 DL 157/2006).

2. Obras a efectuar pelo arrendatário

Examinemos, em seguida, as condições necessárias ao início da execução das obras pelo inquilino.

2.1. *Destinatários, forma e conteúdo da comunicação da intenção de início das obras*

Em primeiro lugar, há que previamente comunicar essa intenção ao senhorio e à CAM respectiva (art. 32.º, n.º 1 DL 157/2006).

Essa notificação é feita nos termos do art. 9.º, n.ºs 1 a 6 NRAU *ex vi* art. 47.º DL 157/2006, com o mínimo de um mês de antecedência em relação ao começo das obras (art. 32.º, n.º 2, 1ª parte DL 157/2006).

No tocante ao conteúdo, há que nela integrar o orçamento atinente ao valor das obras e a exposição dos factos que atribuem ao inquilino o direito de as executar (art. 32.º, n.º 2, 2ª parte DL 157/2006).

O orçamento em causa, que serve de referência para o montante a compensar pelo senhorio a final, pode ser por este contestado. Se o não for, cremos que a importância que dele consta será vinculativa para efeito do *ressarcimento* ulterior.

2.2. *Limitação do âmbito de actuação do arrendatário*

O arrendatário apenas tem legitimidade para efectuar as obras necessárias para atingir "o nível [ou melhor o estado] médio de conservação" (art. 31.º, n.º 4 DL 157/2006).

Não é assim possível – ao invés do que pode suceder com o senhorio – colocar o imóvel num estado superior ("bom" ou "excelente"). Isso extravasaria o objectivo tido em vista pelo legislador.

Para sua segurança e garantia, o arrendatário deve requerer à CAM "a descrição das obras a efectuar para se atingir o nível médio", já que lhe assiste tal faculdade ao abrigo do art. 16.º, n.º 1 DL 161/2006.

3. Obras realizadas pelo arrendatário

Tratemos agora das consequências decorrentes da execução das obras pelo arrendatário.

Repare-se que foi este que, na falta de iniciativa do senhorio e apesar de o ter instado várias vezes para tal, efectuou aquelas a expensas suas.

3.1. *Compensação*

3.1.1. *Os valores a ter em conta*

Importante efeito emergente do art. 33.º, n.º 1 DL 157/2006 é o da atribuição ao arrendatário do direito a compensar "o valor despendido com as obras com o valor da renda".

Uma conclusão se pode desde já extrair: o inquilino não tem legitimidade para instaurar uma acção contra o locador visando o ressarcimento dos prejuízos havidos.

Há que conhecer o exacto significado das importâncias acima referidas.

Começamos por aquela. O valor gasto com as obras corresponde, por um lado, às despesas efectivamente realizadas e orçamentadas. Excluem-se as que nem sequer constam do orçamento e as que o integram, mas que não foram, na verdade, efectuadas. A elas acrescem os respectivos juros. Está em causa uma obrigação pecuniária – a que se encontra adstrito o senhorio – de modo que o critério *indemnizatório* é o referente à prestação de juros de mora (art. 806.º CC). Adiciona-se, por fim, um ulterior elemento: a percentagem de 5% relativa a despesas de administração. A soma destas componentes – constante do art. 33.º DL 157/2006 – reflecte a importância custeada pelo inquilino.

O valor da renda é o resultante da aplicação dos arts. 31.º a 33.º NRAU, considerando-se "um nível [ou melhor, um estado] médio de conservação e um faseamento em cinco anos" (art. 34.º, n.º 1 DL 157//2006).

Os critérios são pouco ortodoxos. Ficciona-se um estado de conservação que não corresponde à realidade, pois a premissa de que se parte, para a actualização da renda, em face da inércia do senhorio, é a de que o referido estado será "mau" ou "péssimo". Por outro lado, determina-se

ainda um faseamento que pode não equivaler igualmente à situação fáctica. Basta imaginar que, *v.g.,* se preenche uma das circunstâncias do art. 37.º, n.º 3 NRAU para mostrar a pouca lógica desta metodologia.
De igual sorte, a soma a compensar será apurada em razão da diferença entre estes dois valores.
O art. 33.º, n.º 1, parte final DL 157/2006 dispõe, por outro lado, que a indemnização pode ser *exigida* (ou melhor compensada) a partir do início das obras. Assim, à medida da sua execução, o inquilino vai descontando, na renda ficcionada, a soma entretanto gasta, de acordo com os parâmetros definidos.

3.1.2. O período da compensação

No período da compensação – que em princípio será largamente superior ao tempo de duração das obras – o senhorio tem direito de perceber a soma equivalente a 50% da renda vigente aquando do início daquelas, acrescida das actualizações ordinárias anuais (art. 35.º, n.º 2 DL 157/2006).

3.1.3. Cessação do contrato

A extinção do contrato, por qualquer causa, antes de o arrendatário ser integralmente ressarcido dos valores despendidos, mas nos termos assinalados, confere-lhe o "direito a receber o valor em falta" (art. 33.º, n.º 3 DL 157/2006).
Não há restrições à cessação do negócio. Queremos com isto dizer que, por um lado, qualquer das partes lhe pode pôr termo.
Acresce que o direito do inquilino a ser indemnizado é independente de o fim do contrato lhe ser ou não imputável (*v.g.,* a resolução pelo senhorio fundamentada na utilização do imóvel para fim diverso). Trata--se tal facto – a realização das obras – como se fosse autónomo, atribuindo ao locatário uma tutela própria.
Não se determinam no normativo, de igual sorte, quaisquer limitações ao momento em que, em particular, o arrendatário – que se propôs executar as obras de conservação – pode cessar o contrato.
Mostra-se possível a este, na pendência das obras, exercer *v.g,* o direito de denúncia? Pensamos que sim, embora se possa discutir se permanece ele adstrito à sua execução até ao fim ou se apenas lhe caberá (eventualmente) indemnizar o senhorio pela interrupção das obras.

§ 2. Aquisição do prédio pelo arrendatário

Apesar de, como assinalámos, pareça que – ao abrigo do art. 48.º, n.º 4 NRAU – no caso de não início das obras pelo senhorio (que visem um estado de conservação médio do locado) o arrendatário tem direito, desde logo à compra do prédio, essa conclusão carece de rigor.

Os arts. 35.º ss. DL 157/2006 definem com exactidão os trâmites da compra do imóvel em moldes que não se assemelham com a alternatividade sugerida pelo art. 48.º, n.º 4 NRAU[86].

1. Requisitos

Para além dos dois requisitos *negativos* citados, previstos no art. 29.º DL 157/2006 – o da atribuição ao prédio de um estado de conservação que não atinge o grau "médio" e o da intimação para obras dirigida ao senhorio (art. 35.º, n.º 1, prémio DL 157/2006)[87] –, exige-se agora a verificação de um conjunto de pressupostos sequenciais e cumulativos.

Por um lado, mostra-se imperioso que o senhorio não tenha iniciado as obras no prazo de 6 meses, que tenha declarado que não as pretende executar (art. 35.º, n.º 1, al. a) DL 157/2006) ou que tenha começado aquelas, posteriormente as tenha suspendido não as retomando em 90 dias e depois de nova intimação pelo inquilino sem sucesso (art. 35.º, n.º 2 DL 157/2006).

Acresce que este último deve ainda solicitar ao município competente a realização de obras coercivas. O início das obras deve, por seu turno, ocorrer no prazo de 6 meses. Se efectivamente começaram tais obras, o município não poderá suspendê-las nas exactas condições que mencionámos atrás em relação ao senhorio. Ora, só em face do fracasso desta pretensão é possível a compra do imóvel, propriedade do senhorio.

---

[86] Apreciando o problema da constitucionalidade do direito de aquisição do arrendatário, ver Pedro Romano Martinez e Ana Maria Taveira da Fonseca, "Da constitucionalidade da alienação forçada de imóveis arrendados", O Direito, 2007, pp. 35 ss. Os autores pronunciam-se afirmativamente, invocando argumentos específicos que percorrem vários institutos de direito privado, onde se suscita idêntica temática, para o justificar.

[87] Até aqui não se modificam os parâmetros em relação à realização de obras pelo arrendatário.

Na situação em apreço, ao contrário do que sucede com a manutenção do arrendamento, cai o direito de escolha do inquilino após a não execução das obras pelo senhorio (ou situação equiparável). O arrendatário não tem, nessa altura, a possibilidade de adquirir o prédio ou de instar o município à execução das obras. Tal opção cede o lugar a uma sucessão cumulativa de exigências: primeiro, a solicitação ao município; depois – e só perante a insatisfação do seu direito – a compra do locado.

2. O exercício do direito de aquisição

No entanto, o preenchimento dos pressupostos descritos não dá lugar, de imediato, à aquisição. Há um outro conjunto de condições que devem verificar-se para que o arrendatário se possa tornar proprietário do local onde reside.

2.1. A acção de aquisição

2.1.1. Legitimidade e requisitos

Há, por um lado, que instaurar uma acção (declarativa) de aquisição (art. 36.º, n.º 1, parte final DL 157/2006).

Tem legitimidade activa para tal o arrendatário (art. 36.º, n.º 1, parte inicial DL 157/2006), sendo que a acção deve ser intentada contra o senhorio e, sempre que não seja o mesmo, também contra o proprietário, superficiário ou usufrutuário (art. 37.º DL 157/2006).

O inquilino não tem, porém, a faculdade de propor a acção a todo o tempo. Decorrido o prazo de 6 meses após a solicitação ao município da realização das obras coercivas (art. 35.º, n.º 1, al. b) *ex vi* 36.º, n.º 1, 2ª frase DL 157/2006) ou a não retoma das mesmas por aquela entidade e a nova intimação sem o seu reinício em prazo não superior a 30 dias (art. 35.º, n.º 2 por via da remissão implícita decorrente do art. 36.º, n.º 1, 2ª frase DL 157/2006), o arrendatário, com direito de aquisição, dispõe de 3 anos a contar do termo de qualquer destes prazos (consoante o que se verifique) para aquele efeito. Se não o fizer extingue-se o direito em causa. Trata-se de um caso de caducidade legal, determinado por motivos objectivos de segurança jurídica, que não pode ser modificado pelas partes. Desta sorte, o tribunal pode conhecê-la oficiosamente, ao abrigo do art. 333.º, n.º 1 CC.

O longo período de tempo que o inquilino dispõe para o exercício do direito – que contrasta, por exemplo, com o prazo bastante inferior de 6 meses (um sexto, portanto) que o preferente legal tem para adquirir (art. 1410.º, n.º 1 CC) – está ainda sujeito a uma outra condição: o não início das obras pelo senhorio.

Repristina-se, por esta via, o primeiro elemento da sequência (previsto no art. 35.º, n.º 1, al. a) DL 157/2006) que atribui a possibilidade de aquisição ao locatário. Note-se ainda que o começo das obras ulteriormente pode acontecer em qualquer das 3 circunstâncias previstas (o não início em 6 meses; a declaração de que não o pretende fazer; a suspensão com ulterior intimação sem retoma).

É razoável que se dê ao senhorio uma última *chance* para cumprir e, assim, evitar a perda da propriedade do imóvel.

Pode discutir-se se o locador pode executar as obras mesmo depois de decorrido o prazo que lhe foi fixado, mas antes da instauração da acção de aquisição (pelo arrendatário).

O art. 36.º, n.º 1 DL 157/2006 fixa um lato prazo para o exercício do direito (3 anos), que se começa a contar do final de um outro (o do 6 meses sem que o município tenha iniciado as obras coercivas).

Ora, ao senhorio deve, pelo menos, admitir-se o começo da execução das obras até ao momento em que o inquilino instaura a acção judicial. O objectivo do legislador é o de procurar a resolução dos problemas de degradação imobiliária. Se se desconsiderasse esta via, e no pressuposto de que o "senhorio arrependido" quisesse realizar as obras, não se sabia sequer se o arrendatário pretendia executá-las. Pode, de resto, nunca o fazer, pelo que o prédio estaria condenado a não ser reabilitado. Para além disso, a propriedade do locado – que ainda não se transmitiu (e não se sabe sequer se vai transferir-se) – deve prevalecer sobre o gozo.

2.1.2. Tramitação

Se bem que não haja especificidades quanto às peças processuais, pois o regime é o comum, ressalve-se, porém, o seguinte aspecto quanto ao seu conteúdo: a petição inicial deve conter a descrição das obras de conservação que o inquilino se propõe executar, sendo necessariamente acompanhada do comprovativo da aprovação pelo município do projecto de arquitectura, sempre que este seja exigível (art. 36.º, n.º 2 DL 157/ /2006).

Dado que a aquisição não opera sem mais – estando sujeita como veremos a deveres peculiares –, impõe-se que conste da referida petição o conjunto de elementos necessário e suficiente para que o tribunal, a final, se possa pronunciar sobre a compra e acerca das circunstâncias que a envolve.

Naturalmente que o senhorio, quando citado para contestar, pode invocar argumentos que demonstrem a inexequibilidade da pretensão do arrendatário (v.g., não se preenchem os requisitos de que depende o exercício do direito, não se justificam as obras de conservação a realizar).

2.1.3. A decisão judicial

A decisão judicial faz operar um importante efeito – o da transferência da propriedade –, ao qual estão ligadas condições específicas – o preço da aquisição, as obrigações fiscais e a alusão aos deveres de reabilitação e de manutenção do imóvel.

a) Transmissão da propriedade

A principal consequência dela resultante é a da transmissão da propriedade do imóvel (art. 36.º, n.º 3, 1ª parte DL 157/2006). Inexiste, pois, um qualquer contrato de compra e venda entre as partes (senhorio e arrendatário) que está na sua base.

Até ao momento em que é proferida a sentença, o preço deve encontrar-se integralmente pago. Não se fixa, contudo, uma data exacta para a sua efectivação[88]. Aliás, a decisão não é emitida até que ocorra tal circunstância (art. 36.º, n.º 3, 2ª frase DL 157/2006), o que permite que possa estar pendente durante um largo período. Basta que o arrendatário não deposite a soma em causa. Pensamos que o tribunal deve aqui conceder um prazo curto (embora razoável) ao inquilino, potencial proprietário, para cumprir, sob pena de a sentença concluir, esgotado tal período, pelo não diferimento da sua pretensão.

---

[88] No art. 1410.º, n.º 1 CC determina-se que o depósito do preço deve ocorrer "nos 15 dias seguintes à proposição da acção".

A exigência do pagamento prévio ao momento da transmissão da propriedade constitui uma garantia para o ainda titular do prédio e senhorio, que não deixa de se lhe assegurar.

O valor da aquisição é o resultante da avaliação fiscal do imóvel, realizada há menos de 3 anos, ao abrigo dos arts. 38.º ss. CIMI (art. 38.º, n.º 1 DL 157/2006). Se inexiste a avaliação nos termos descritos, o locatário tem legitimidade para a requerer (art. 38.º, n.º 2 DL 157/2006).

De igual sorte, o tribunal não proferirá a decisão se o arrendatário, potencial proprietário, não cumprir as obrigações fiscais relativas à transmissão (art. 36.º, n.º 3, parte final DL 157/2006). Aliás, deve naquela declarar-se expressamente a execução das obrigações fiscais (ou a sua isenção).

A transmissão da propriedade do prédio está sujeita ao competente registo da aquisição "pelo arrendatário" (art. 41.º, 1ª parte DL 157/2006), o qual tem a particularidade de fazer menção "à[s] obrigaç[ões] prevista[s] nos n.ᵒˢ [1], 2 e 3 do art. 39.º'" (art. 41.º, 2ª parte DL 157/2006). Este facto registável permite a um potencial adquirente conhecer o alcance dos seus deveres na compra do imóvel.

Repare-se, por fim, que a aquisição da propriedade por sentença importa automaticamente a extinção da relação arrendatícia, por confusão (arts. 868.º ss. CC), com efeitos *ex nunc*. O inquilino torna-se agora proprietário, o senhorio deixa de o ser e, com isso, deixa de estar vinculado a proporcionar o gozo temporário da coisa, tal como o locatário não está mais vinculado ao pagamento da renda.

No entanto, até à data da decisão judicial transitada em julgado as partes estão ligadas ao contrato de arrendamento, pelo que o inquilino continua adstrito ao pagamento da respectiva renda.

b) Referência *aos deveres de reabilitação e de manutenção do prédio*

O aresto deve ainda reportar-se às obrigações de reabilitação e de manutenção do prédio que impendem sobre o adquirente (art. 37.º, n.º 4 DL 157/2006).

O emprego no citado normativo da palavra "refere" é pouco significativo. No fundo, o que se pretende é remarcar, ou tornar consciente para o inquilino, as vinculações a que se encontra adstrito, dada a sua importância na economia do direito de aquisição. Tais deveres têm, no entanto, natureza legal. A decisão apenas relembra ao comprador a necessidade de cumprimento dos deveres pós-aquisição.

2.2. Deveres e faculdades legais pós-aquisição

O regime das obrigações (sequenciais) impostas *ex lege* ao adquirente do prédio encontra-se consagrado no art. 39.º DL 157/2006.

2.2.1. Dever de reabilitação do imóvel

Num primeiro momento, ao antigo arrendatário, agora proprietário, cabe executar as obras de reabilitação do prédio.

Estas visam a alteração do estado de conservação do imóvel, que foi avaliado pela CAM em "mau" ou "péssimo". À partida, o comprador, com tais obras, obterá uma "classificação de médio". Tem como referência, para o efeito, a ficha de avaliação para a determinação do mencionado estado, que necessariamente identificou as anomalias de elementos funcionais e descreveu os sintomas que motivam a atribuição de níveis e de anomalias "graves" e/ou "muito graves" (cfr. a respectiva ficha no anexo à Portaria n.º 1192-B/2006).

Esta obrigação de regeneração do locado a cargo do ex-arrendatário tem um limite temporal mínimo para começar a ser executada. A contar da decisão judicial que faz operar a transmissão da propriedade, o agora dono do prédio dispõe do prazo de 120 dias para iniciar as obras tendo em vista o objectivo primordial definido (art. 39.º, n.º 2 DL 157/2006).

2.2.2. Faculdade de realização de obras que visem um estado de conservação superior

Se aquele é um dever do ex-inquilino, também se faculta a este a realização de obras que visam a colocar o imóvel num estado de conservação "bom" ou "excelente".

O antigo locatário, na qualidade de adquirente, tem liberdade para efectuar "outras obras, nomeadamente tendentes a melhorar o prédio em mais do que aquilo a que está obrigado" (art. 39.º, n.º 5 DL 157/2006).

Repare-se que o âmbito da actuação do novo titular reveste grande amplitude. Para além do emprego da locução de carácter indefinido "outras obras", usa-se o advérbio "nomeadamente" antes de identificar as de melhoramento.

O normativo ulteriormente concretiza, também de modo extenso, algumas das citadas "outras obras", mas aqui restringe-se ao quadro do

DL 555/99, de 16 de Dezembro (que dispõe sobre o regime jurídico da urbanização e da edificação). Estas serão de "reconstrução" ou de "alteração", tal como se encontram definidas nas als. c) e e) do diploma em causa[89]. O campo de intervenção do adquirente é, como se constata, larguíssimo. Contudo, na sua execução impõe-se a "man[utenção de] condições de ocupação análogas às anteriores para todos os ocupantes do prédio" (art. 39.º, n.º 6, *in fine* DL 157/2006).

Note-se que estas obras podem ser executadas a todo o tempo, inexistindo um qualquer limite temporal mínimo.

2.2.3. *Dever de manutenção do imóvel*

Ao novo proprietário não basta, porém, a execução das obras de reabilitação. Impõe-se o dever de manter o imóvel num estado de conservação "médio" (ou, se tiver entretanto efectuado melhoramentos que coloquem o prédio num estado superior) nos 20 anos subsequentes à aquisição (art. 39.º, n.º 3 DL 157/2006).

Esta obrigação, temporalmente longa, visa, no essencial, a não degradação do parque imobiliário. Se o custo da reabilitação é amplo e oneroso (sendo, de resto, efectuado à custa do proprietário), então é razoável que não possa ser negligenciada a falta de manutenção do prédio após este ter atingido o estado "médio".

Já a obrigação de manutenção do comprador no tocante às obras que estão para além destas a solução é discutível. Elas são efectuadas de mote próprio. Trata-se de um investimento específico do agora proprietário. Acresce que o dever de manutenção em causa poderá até desmotivá-lo quanto à execução de tais obras. Provavelmente são o contrapólo de se permitir ao arrendatário a aquisição do prédio, até porque ao senhorio é facultada, como veremos, a reaquisição do imóvel em caso de incumprimento deste dever.

---

[89] As primeiras – de reconstrução – são "as obras de construção subsequentes à demolição total ou parcial de uma edificação existente, das quais resulte a manutenção ou a reconstituição da estrutura das fachadas, da cércea e do número de pisos".

As últimas – de alteração – são "as obras de que resulte a modificação das características físicas de uma edificação existente ou sua fracção, designadamente a respectiva estrutura resistente, o número de fogos ou divisões interiores, ou a natureza e cor dos materiais de revestimento exterior, sem aumento da área de pavimento ou de implantação ou da cércea".

2.2.4. Transmissão do prédio

O comprador não está impedido de transmitir a outrem a propriedade do prédio, nem o acto de alienação está sujeito a exigências específicas.

De notar que não se aplicam agora as regras arrendatícias quanto à cessão da posição contratual.

Todavia, a transferência definitiva (ou as transferências definitivas) do prédio nos 20 anos subsequentes à aquisição importa(m), para o respectivo transmissário, a sucessão "nas obrigações" de reabilitação e de manutenção (num estado de conservação "médio" ou "superior") do prédio (art. 39.°, n.° 4 DL 157/2006). Está em causa uma tutela ampla do parque imobiliário, a qual não se prescinde durante largos anos. O novo adquirente está legitimado a executar, ele próprio, melhoramentos no edifício, devendo, *in casu*, mantê-los.

Repare-se que a transmissão a que se alude tem, a nosso ver, um cariz amplo, envolvendo os actos entre vivos (*v.g.*, a venda voluntária, executiva ou em sede de liquidação da massa insolvente, a troca, a doação), mas também a sucessão *mortis causa*.

Cabe ainda salientar que nada parece impedir que o novo proprietário, *v.g.*, arrende o imóvel a outrem. É certo que o art. 42.°, n.° 2 DL 157/2006 parece fazer alusão apenas à cessão definitiva da posição contratual. Mas a sua qualidade de proprietário, apesar das suas especificidades, permite fazê-lo.

3. Direito de reversão do anterior proprietário

3.1. *Seus contornos*

As medidas tomadas *ex lege*, que fixam deveres específicos ao proprietário e que extravasam o conteúdo inerente a um direito deste género, estão ainda sujeitas a sanções peculiares.

Com efeito, o incumprimento pelo adquirente dos deveres de reabilitação e de manutenção do imóvel permite ao anterior dono (e antigo senhorio) exercer o "direito de reaquisição do prédio".

Esta solução envolve uma particular atenção e uma fiscalização do antigo proprietário, o que pode revelar-se em concreto difícil, quer pelo desinteresse, quer por um eventual afastamento, quer ainda porque já não dispõe do poder de exigir do locatário o exame da coisa (art. 1038.º, al. b) CC).

Releve-se ainda que o art. 40.º, n.º 1 DL 157/2006 dispõe que o direito de reversão se constitui "se o disposto no artigo anterior não for cumprido" (sublinhado nosso), suscitando-se pois a questão de saber se um qualquer inadimplemento pode determinar o direito de reaquisição.

Imaginemos que as obras não se iniciaram no prazo em causa. Seguindo o mesmo critério adoptado, aquando da análise do art. 36.º, n.º 1 DL 157/2006, parece-nos que, pelo menos, até à instauração da acção de reaquisição o actual proprietário pode começar as obras.

Não deixamos, porém, de realçar que a transmissão da posição contratual de proprietário (do antigo para o arrendatário) é feita sob condição legal imprópria: de o adquirente cumprir deveres específicos.

Os contornos desta propriedade revelam-se *sui generis*. Embora o seu conteúdo se assemelhe aos caracteres típicos deste direito, esta propriedade não é definitiva. Basta que o adquirente não observe um dos mencionados deveres para que isso possa determinar a perda da titularidade para o antigo dono e senhorio.

Acolhe-se aqui um modelo de algum modo semelhante, ressalvadas as necessárias adaptações, àquele que existe no regime da expropriação por utilidade pública. Neste âmbito, atribui-se tal direito "se no prazo de dois anos os bens expropriados não forem aplicados ao fim que determinou a expropriação" ou, ainda, "se entretanto tiverem cessado as finalidades da expropriação" (art. 5.º, n.º 1, als. a) e b) CE). Também aqui o prazo em causa, que faz cessar o direito, é de 20 anos (art. 5.º, n.º 4, al. a) CE).

3.2. *Extensão do direito de reversão*

Parece que o art. 40.º DL 157/2006 tem em vista a atribuição do direito de reaquisição ao antigo senhorio.

Mas deve questionar-se se, o ex-inquilino, que entretanto alienou o imóvel a um terceiro, tem igualmente a possibilidade de o fazer seu.

Literalmente, a disposição em análise é inteiramente aplicável ao "anterior proprietário" que, *v.g.*, vendeu o prédio. Ora, o ex-arrendatário é (igualmente) o anterior proprietário. Esta resposta suscitaria de imediato um outro problema. Acolhendo-se o argumento de texto como decisivo, isso implicaria a perda do direito de reversão do primitivo dono?

Parece-nos que deve afastar-se uma interpretação meramente declarativa. Se assim não se entendesse, o antigo senhorio, com a transmissão efectuada pelo ex-arrendatário, perderia definitivamente o direito a readquirir o prédio. A nosso ver, o legislador teve em vista tão só o conflito locador-novo titular, remetendo, por motivos de degradação dos imóveis que não se pretendem para o futuro, a resolução do litígio para um outro quadrante: o da propriedade. A obrigação imposta ao proprietário sucessivo (que adquiriu ao ex-inquilino) não pode servir para prejudicar o primitivo dono, sob pena de haver lugar a fraudes.

3.3. *Condições da reaquisição*

O exercício do direito de compra do imóvel deve ser efectuado através de acção judicial – agora de reaquisição. Os seus termos e os seus efeitos são os ínsitos no art. 36.º *ex vi* art. 40.º, n.º 1 DL 157/2006.

Relativamente ao preço, ele mantém-se exactamente idêntico ao da anterior aquisição. Esta medida de cariz preventivo pretende incentivar o proprietário a não dar utilização diversa àquela que se encontra definida quanto às obras a realizar e a manter. Se assim não suceder, o antigo dono pode, pelo mesmo preço, voltar a comprar o imóvel que "perdeu".

Verificando-se a reversão, o readquirente está igualmente adstrito ao dever de manutenção durante o prazo de 20 anos subsequente à compra (art. 40.º, n.º 3 DL 157/2006).

4. **Alcance da faculdade de aquisição**

A aquisição pode revestir contornos bem mais complexos do que os mencionados até aqui. Impõe-se, pois, descrever sucintamente a possibilidade de a aquisição se alargar a outras fracções (autónomas) ou até, noutros casos, à totalidade do prédio.

4.1. *A aquisição das fracções autónomas necessárias à realização da obra*

4.1.1. Condições específicas

Estando o prédio constituído em regime de propriedade horizontal, perspectivam-se duas vias, a saber:

- o arrendatário pode, nos termos descritos *supra*, adquirir a fracção autónoma locada (art. 42.º, n.º 1 DL 157/2006);
- o arrendatário pode comprar não só a fracção onde habita como ainda, em determinadas circunstâncias, as fracções necessárias à realização da obra e, quando indispensável, a totalidade das fracções (art. 42.º, n.º 2 DL 157/2006).

Atentemos nesta alternativa já que aquela não suscita acrescidas dificuldades, para além das atrás enunciadas.

A compra de algumas ou mesmo de todas as fracções está subordinada a requisitos próprios.

Na hipótese do citado normativo parte-se do mesmo pressuposto, que agora se generaliza aos outros imóveis: deve estar em causa a execução de "obras necessárias à obtenção de um nível [ou melhor de um estado] de conservação médio" (art. 42.º, n.º 2, 1ª frase DL 157/2006). Mas elas devem incidir "sobre outras fracções autónomas", ou seja, "as necessárias à realização da obra".

Assinala-se, por outro lado, que podem incidir sobre as "partes comuns", designadamente as afectas a um dos condóminos. Também estas podem gerar a mesma consequência: a aquisição da respectiva fracção. Aqui estão em causa, *v.g.*, as obras na fachada do prédio.

Tais factos devem igualmente resultar de uma avaliação da respectiva CAM, no sentido de se determinar o correspondente estado de conservação das "outras fracções".

Repare-se que, no limite, é viável a aquisição pelo inquilino da totalidade das fracções.

Portanto, está muito claro o espírito que subjaz à disciplina em apreço: terminar com a degradação imobiliária, dando a possibilidade de outros, já que os respectivos proprietários o não pretendem fazer, de afastar o espectro em causa.

4.1.2. Exercício do direito

Mostra-se necessária a instauração de uma acção judicial de aquisição, a qual deve ser proposta ainda contra o(s) titular(es) da(s) fracção(ões) a comprar.

Em sede de contestação, qualquer destes pode declarar que vai "participar nas obras necessárias", sendo que aí a acção improcede quanto a ele(s) (art. 42.º, n.º 3 DL 157/2006).

Esta declaração tem um significativo valor perante o incumprimento pelo respectivo titular: constitui "título executivo para a execução da obrigação dela decorrente" (art. 42.º, n.º 4 DL 157/2006).

4.1.3. Outros impedimentos à aquisição pelo arrendatário das outras fracções autónomas

Deve realçar-se que a pretensão da compra de outras fracções autónomas pode encontrar outro tipo de entraves, para além da mera declaração do titular do prédio de participação nas obras.

No processo judicial em curso, os outros condóminos podem igualmente "declarar pretender a aquisição, para si dessa fracção, caso em que se abre licitação entre os interessados, revertendo o excesso para o alienante" (art. 42.º, n.º 5 DL 157/2006).

Um regime de algum modo similar existia no quadro do direito de preferência atribuído ao senhorio do prédio arrendado em caso de trespasse por venda ou em dação em cumprimento (cfr. o revogado art. 116.º RAU). Nesse domínio, se duas ou mais pessoas fossem titulares do direito de preferência efectuar-se-ia uma licitação entre elas tendo em vista a aquisição do estabelecimento, revertendo o excesso para o trespassante. Configuravam situações daquele género a contitularidade da posição de senhorio (*v.g.*, porque o imóvel é detido em regime de compropriedade) ou a existência de mais de um arrendamento no estabelecimento alienado (*v.g.*, porque o estabelecimento ocupa vários imóveis) – art. 116.º, n.º 3 RAU.

Efectuado este pequeno parêntesis, deve pois referir-se que a regra em apreço se aplica quando o proprietário da referida fracção não pretende participar nas obras. Também aos outros condóminos, desde que se proponham fazê-lo, assiste um direito de adquirir a(s) fracção(ões) em causa.

Aliás, qualquer condómino – neles se incluindo os que não sejam parte no processo – que esteja interessado na aquisição tem legitimidade para intervir na acção (art. 42.º, n.º 6 DL 157/2006).

4.2. A aquisição da totalidade do prédio não constituído em propriedade horizontal

Atentemos agora no imóvel arrendado em edifício que não está constituído em regime de propriedade horizontal.
Prevêem-se no art. 43.º, n.ºs 1 e 2 DL 157/2006 duas possibilidades, a saber:
– o edifício não pode ser submetido ao citado regime;
– o edifício está em condições de ser constituído em fracções autónomas e, assim, àquele subordinado.

Ali, a aquisição opera em relação à totalidade do prédio.
Aqui, ao inquilino assiste um direito de escolha:
– solicita ao tribunal a constituição da propriedade horizontal, sendo que a compra incide apenas sobre a fracção autónoma correspondente (art. 43.º, n.º 2, al. a) DL 157/2006);
– ou, seguindo o mesmo percurso, é-lhe permitido ainda adquirir as fracções necessárias à realização das obras, desde que estas, dirigidas à obtenção de um estado de conservação médio, incidam sobre essas fracções (art. 43.º, n.º 2, al. b) DL 157/2006).

4.3. Aquisição de outras fracções arrendadas

Importa saber qual a disciplina aplicável sempre que o inquilino, na sequência da acção instaurada, se propõe adquirir outras fracções que se encontram arrendadas a outros locatários.

4.3.1. Legitimidade passiva

Gozam de legitimidade passiva os respectivos senhorios (e, quando não sejam a mesma pessoa, os proprietários, os superficiários ou os usufrutuários) – art. 37.º *ex vi* art. 44.º, n.º 1 DL 157/2006 –, mas também os correspondentes arrendatários, de acordo com o disposto no n.º 1 do citado normativo.

4.3.2. *Os titulares e os arrendatários das outras fracções*

Na acção judicial que visa a aquisição do imóvel locado e de outras fracções autónomas, podem intervir, como se salientou, o senhorio (ou as outras pessoas que enunciámos) e o(s) arrendatário(s) das mesmas.

As suas formas de actuação não são, porém, coincidentes. Daí que se especifiquem como podem reagir em sede de contestação da acção de aquisição.

O senhorio escolherá entre manter (ou não) a titularidade de uma ou de mais fracções de que seja proprietário (art. 44.º, n.º 2 DL 157/2006).

O inquilino pode, por sua vez, optar pela compra da fracção que ocupa. Neste caso perde o direito de preferência que lhe era atribuído pelo art. 1091.º CC, quando existente (art. 44.º, n.º 3 DL 157/2006).

Qualquer dos caminhos seguidos impõe aos respectivos sujeitos a "obrigação de participar nas obras necessárias [à obtenção de um estado de conservação médio] – art. 44.º, n.º 4 DL 157/2006.

4.3.3. *Manutenção dos outros arrendamentos e actualização da renda*

Não se extinguindo os outros contratos de arrendamento (porque não vingou a aquisição pelos respectivos inquilinos), as obras de reabilitação do imóvel (e os correspondentes deveres de manutenção) – e eventualmente de melhoramento – incumbem ao respectivo proprietário.

Ora, dado que aquelas tinham em vista pôr o locado num estado de conservação médio, os arrendamentos em causa – sejam para habitação, sejam para fins não habitacionais – estão sujeitos à actualização das respectivas rendas, nos termos *supra* descritos (art. 45.º DL 157/2006).

4.4. **Direito de preferência dos anteriores proprietários do prédio ou de fracção autónoma**

Na hipótese de venda (voluntária, executiva ou em sede de liquidação da massa insolvente) ou de dação em cumprimento do prédio ou da fracção adquirida à luz e de acordo com os regimes enunciados, aos anteriores titulares dos mesmos é atribuído o correspondente direito de preferência (art. 46.º, n.º 1, 1ª parte DL 157/2006).

Este direito encontra-se, porém, temporalmente limitado: existe durante o prazo de 20 anos a contar do trânsito em julgado da decisão que operou a transmissão da propriedade (art. 46.º, n.º 1, *in fine* DL 157//2006). O período em causa é exactamente coincidente com o dever de manutenção do prédio em estado de conservação médio (ou superior), o qual abrange os eventuais transmissários.

Concede-se àqueles sujeitos (titulares do direito legal de preferência) primazia na celebração dos citados negócios, desde que manifestem vontade de os realizar, nas exactas condições previamente definidas entre o vinculado à preferência e o eventual adquirente. Para além disso, exercendo tal direito incumbe-lhes manter o prédio ou a fracção autónoma no mesmo estado de conservação, sem prejuízo de, querendo, melhorá-lo.

CAPÍTULO TERCEIRO
Arrendamento de duração limitada

§ 1. Regime transitório simplificado. § 2. Sujeição ao NRAU. § 3. *Especificidades*. 1. Prorrogação automática do contrato. 2. *Denúncia* por qualquer das partes. 2.1. A adequação dos conceitos. 2.2. Denúncia pelo arrendatário. 2.3. Oposição à prorrogação. 2.4. Comunicações. 3. O prazo do contrato em caso de prorrogação automática. 4. O fim do prazo da prorrogação. 5. Transmissão da posição contratual por morte do arrendatário.

§ 1. REGIME TRANSITÓRIO SIMPLIFICADO

O regime de transição previsto para os contratos de duração limitada é necessariamente bastante mais simplificado.

Desde logo, porque estes são contemporâneos do RAU. Inexistia a possibilidade de celebração deste tipo de negócios antes dele. Ora, algumas das hipóteses estudadas a propósito das regras transitórias dos arrendamentos habitacionais vinculísticos visam tão só e apenas os concluídos anteriormente a 15 de Novembro de 1990, data da entrada em vigor do RAU. Logo, o que não vale para estes casos nunca poderia consequentemente ser aplicável aos realizados depois dele.

Acresce que a configuração e a estrutura dos arrendamentos de duração limitada, decorrentes dos arts. 98.º a 100.º RAU, são muito próximas dos actuais arrendamentos com prazo certo, regulados nos arts. 1095.º ss. NRAU.

Tal sucede com o período de duração mínima inicial do contrato (de 5 anos) e com a regra da prorrogação automática do contrato que se mantêm[90]. Ao nível da oposição à prorrogação pelo senhorio e da denúncia pelo inquilino há pequenas variações.

Nestas circunstâncias, as normas de transição não poderiam – como efectivamente não o fazem – assinalar muitas especificidades. De resto, não há aqui fortes elementos vinculistas a tutelar.

§ 2. SUJEIÇÃO AO NRAU

Começa por estabelecer-se o princípio de que tais contratos de duração limitada – realizados entre 15 de Novembro de 1990 e 27 de Junho de 2006 – estão agora submetidos às regras da Lei 6/2006 e dos outros diplomas complementares entretanto publicados (ou a publicar), ao abrigo do diposto no art. 26.º, n.º 1 NRAU.

§ 3. *ESPECIFICIDADES*

O art. 26.º, n.º 1 *in fine* NRAU ressalva, porém, "as especificidades dos números seguintes", parecendo denotar que elas verdadeiramente existem.

As *peculiaridades* dos contratos de duração limitada do passado restringem-se à sua duração, à sua prorrogação (art. 26.º, n.º 3 NRAU) e à transmissibilidade da posição de arrendatário habitacional por morte (art. 57.º *ex vi* 26.º, n.º 2 NRAU).

Deve ainda realçar-se que – ao contrário do que ocorre no art. 26.º, n.º 4, proémio NRAU – o art. 26.º, n.º 3 NRAU não trata de "equiparar", pelo menos expressamente, os contratos de duração limitada aos actuais contratos com prazo certo. Todavia, tal conclusão está implícita no normativo em causa. De resto, outra não poderia ser a solução em razão do resultado a que chegámos quanto aos arrendamentos vinculistícos.

---

[90] Permanece idêntico o período mínimo da(s) prorrogação(ões), ou seja, os 3 anos.

1. Prorrogação automática do contrato

No Regime do Arrendamento Urbano, os contratos de duração limitada – onde foram pela primeira vez consagrados – encontravam-se subordinados ao princípio da *renovação* automática (mas não imperativa em relação ao senhorio) no fim do prazo – art. 100.º, n.º 1 RAU.

O período inicial de duração não podia ser inferior a 5 anos (art. 98.º, n.º 2 RAU). Os subsequentes podiam ser mais baixos, embora nunca menores do que 3 anos (art. 100.º, n.º 1 RAU).

A citada regra significava, por um lado, que as partes podiam extinguir o contrato para o termo do prazo (inicial ou subsequentes), mas também, por outro, que se não o fizessem cessar para essa altura, permanecia aquele em vigor por um novo período (o clausulado, com a limitação referida, ou o legal).

Ora, esta situação mantém-se para o futuro no tocante aos negócios do pretérito. Com efeito, o art. 26.º, n.º 3 NRAU consagra – semelhantemente – que "os contratos de duração limitada renovam-se automaticamente...".

Não se pode, portanto, qualificar esta como uma especificidade, já que nada se modifica.

Note-se que se mantém intocado o prazo (inicial ou subsequente) do contrato de duração limitada. Se este período temporal era de 5 anos ou mais, se já se tinha prorrogado por igual, maior ou menor (desde que não inferior a 3 anos), a sua contagem corre normalmente até ao seu fim, se o inquilino a ele não se opuser no seu decurso.

O art. 1095.º, n.º 1 e o art. 1096.º, n.º 1, ambos do NRAU, expressam idênticas regras às do RAU.

2. *Denúncia* por qualquer das partes

2.1. *A adequação dos conceitos*

Determina o art. 26.º, n.º 3, 2ª frase NRAU que aquela prorrogação ocorre "quando [os contratos de duração limitada] não sejam denunciados por qualquer das partes" – sublinhado nosso.

Segue-se, pois, a mesma expressão que se encontrava ínsita no art. 100.º, n.º 1, parte final RAU.

A redacção não é – como já não era – a mais feliz. A nova nomenclatura usada no NRAU (denúncia e oposição à prorrogação), nos arts. 1097.º e 1098.º CC, poderia ter sido aqui empregue, evitando-se desta forma alguma confusão.

No art. 100.º RAU, a "denúncia", regulada nos n.ºs 2, 3 e 4 do citado preceito, corresponde à actual "oposição à renovação" (arts. 1097.º e 1098.º ambos do CC, NRAU).

Por sua vez, a "revogação do contrato a todo o tempo" [pelo inquilino], ao abrigo do antigo art. 100.º, n.º 4, 2ª frase RAU, equivale à vigente "denúncia" [pelo arrendatário], à luz do art. 1098.º, n.º 2 CC, NRAU.

Há que compatibilizar tais faltas de correspectividade.

Com efeito, interpretado o art. 26.º, n.º 3 à luz do NRAU teríamos textualmente a seguinte situação: apenas o locatário podia extinguir o contrato em qualquer altura; o senhorio não o podia fazer para o termo do prazo. Esta leitura, manifestamente errónea, não seria compatível com a expressão aposta na lei: "qualquer das partes" podia fazer cessar o negócio.

Interpretado o mencionado normativo de acordo com o RAU teríamos a seguinte hipótese: o locador e o locatário poderiam opor-se à renovação do contrato, mas este último não o podia terminar a todo o momento. Este caminho peca, de igual sorte, por ser incongruente.

Acresce que se alude, no art. 26.º, n.º 3 NRAU, à denúncia "no fim do prazo pelo qual foram celebrados", esquecendo-se o legislador de mencionar a outra hipótese ínsita no anterior art. 100.º, n.º 4, 2ª parte RAU: a revogação a todo o tempo. Seguramente, esta via não se terá querido excluir para o futuro nos contratos de duração limitada do pretérito.

Ora, socorrendo-nos do elemento racional, chegamos às seguintes conclusões: só o arrendatário pode denunciar (imotivadamente e em qualquer momento) o contrato; o senhorio apenas se pode opor à sua continuidade para o final do prazo (tal como, de resto, se permite ao inquilino[91]).

---

[91] Esta solução é, como se compreende, muito pouco usada pelo locatário habitacional, já que ele pode fazer cessar o contrato a todo o tempo. Não necessita de esperar para o fim do prazo para o extinguir.

O modelo do RAU permanece em vigor no NRAU.

Vejamos, seguidamente e em concreto, as possibilidades existentes, as quais traduzem ligeiras modificações (quanto ao prazo de pré-aviso e no tocante à forma do exercício do direito) em relação à disciplina aposta nos antigos arts. 98.º ss. RAU.

2.2. Denúncia pelo arrendatário

O inquilino pode denunciar o contrato sem motivo. Mas não sem mais.

Em primeiro lugar, só o pode fazer decorridos seis meses de vigência do contrato, circunstância que não se exigia no RAU.

Por outro lado, exige-se que conceda um prazo de pré-aviso igual ou superior a 120 dias – e já não de 90 dias, ao abrigo do art. 100.º, n.º 4, 2ª parte RAU.

Mas – sendo esta outra novidade em face da lei antiga – a cessação opera no final de um mês do calendário gregoriano (art. 1098.º, n.º 2 CC, NRAU).

Alternativamente, permite-se que o arrendatário não observe (total ou parcialmente) aquele prazo. Deve, contudo, pagar as rendas correspondentes ao período em falta (art. 1098.º, n.º 3 CC, NRAU).

Já ao senhorio, tal como outrora, não é permitido utilizar este expediente para pôr fim ao negócio.

2.3. Oposição à prorrogação pelas partes

O locador pode opor-se à *renovação* do contrato, mediante a realização de uma comunicação ao inquilino com uma antecedência mínima de um ano[92] em relação ao seu termo (art. 1097.º CC, NRAU).

Por sua vez, o arrendatário pode extinguir o contrato para o seu fim. O prazo de pré-aviso é de, pelo menos, 120 dias (art. 1098.º, n.º 1 CC, NRAU).

---

[92] Mantém-se o prazo do passado (cfr. o antigo art. 100.º, n.º 3 RAU).

2.4. Comunicações

Qualquer das mencionadas comunicações segue um regime idêntico, ao contrário do que ocorria outrora.

À luz do revogado art. 100.º RAU, o senhorio encontrava-se numa posição mais desvantajosa do que o inquilino, visto que era onerado com a necessidade de efectivação de uma notificação judicial avulsa.

Aplica-se agora, indistintamente (para qualquer das partes), o formalismo decorrente do art. 9.º, n.ºs 1 a 6 NRAU: a carta registada com aviso de recepção ou a entrega em mão da declaração de cessação.

3. O prazo do contrato em caso de prorrogação automática

Caso o contrato de arrendamento para habitação se prorrogue automaticamente, estabelece-se que, em princípio, o seu novo prazo de duração é de 3 anos (art. 26.º, n.º 3, 3ª frase NRAU).

Também aqui a solução é semelhante à prevista no antigo art. 100.º, n.º 1 RAU (que aludia a "períodos mínimos de 3 anos").

Privilegia-se, no entanto, a estipulação contratual que impõe um prazo superior quanto à prorrogação do contrato (mais de 3 anos), ao mesmo tempo que se rejeita a cláusula que determine um prazo inferior (art. 26.º, n.º 3, 4ª frase NRAU).

A solução é idêntica à que vigorava no RAU em sede habitacional, quando aí se aludia a "períodos mínimos de três anos" (cfr. o antigo art. 100.º, n.º 1 RAU).

4. O fim do prazo da prorrogação

Findo o prazo de qualquer prorrogação contratual, desde que as partes pretendam a continuidade do negócio, este vigorará pelo período convencionado (não podendo ser inferior, contudo, ao limite legal mínimo) ou, na sua falta, pelo prazo de 3 anos.

Os termos da cessação do contrato operam de modo semelhante.

Se, quanto ao inquilino, o prazo de pré-aviso é adequado, o mesmo não se pode dizer no tocante ao senhorio. A redução (por omissão ou por estipulação) do prazo de 5 para 3 anos devia operar uma diminuição equitativa da antecedência para a oposição à prorrogação. Não foi isso que sucedeu, já que se mantém o art. 1097.º CC. Esta norma é de mínimos, podendo apenas dispor-se diversamente no contrato, aumentando o citado período.

Cabe ainda referir que nada impede as partes – na sequência de um aditamento ao contrato realizado à luz do RAU – de o subordinar agora ao art. 1094.º, n.º 2 NRAU, ou seja, prevendo que, "após a primeira renovação, o arrendamento tenha duração indeterminada".

5. Transmissão da posição contratual por morte do arrendatário

No domínio da locação, a morte do locatário importa, em regra, a caducidade do contrato. Mostra-se, todavia, possível estipular uma cláusula em sentido diverso, de molde a permitir a transmissibilidade para o respectivo sucessor (art. 1051.º, al. d) CC).

O regime é diverso no quadro do arrendamento habitacional.

Relativamente aos contratos de duração limitada valia o disposto no art. 85.º RAU. Em relação aos contratos com prazo certo celebrados a partir de 28 de Junho de 2006 emprega-se o art. 1106.º CC, NRAU.

O art. 26.º, n.º 2 NRAU – norma transitória – dispõe que "à transmissão por morte aplica-se o disposto no art. 57.º...".

Este preceito, em relação ao regime (vinculista) do passado é mais restritivo (embora não tanto quanto se exigia). Afastam-se até algumas pessoas do quadro dos beneficiários.

Por seu turno, o actual art. 1106.º CC, NRAU tem um cariz bastante mais amplo do que o art. 57.º NRAU: por um lado, não limita o arrendamento habitacional a uma única transmissão por morte; por outro lado, para além do cônjuge ou daquele que vive com o inquilino em união de facto, surgem como beneficiários "o parente ou afim mais próximo", nas condições reguladas no art. 1106.º, n.º 2 CC, NRAU; acresce que o senhorio pode sempre pôr termo ao contrato para o fim do prazo, pois não está vinculado à sua continuidade; finalmente, é atribuído ao sucessor um direito de permanência no locado para além do prazo do contrato se o decesso do inquilino ocorrer nos 6 meses anteriores à data da cessação do mesmo (art. 1106.º, n.º 3 CC, NRAU)[93].

---

[93] Cfr. MENEZES LEITÃO, Arrendamento Urbano, cit., pp. 71 ss. (quanto ao regime do art. 1106.º CC, NRAU).

A nosso ver, a motivação que subjaz a uma eventual transmissão por morte da posição de arrendatário de duração limitada não é a representada no art. 57.º NRAU e no seu carácter redutor.

Este normativo deve interpretar-se restritivamente, apenas se aplicando aos negócios habitacionais de tipo vinculístico.

Aos arrendamentos de duração limitada (que são equiparáveis aos arrendamentos com prazo certo) emprega-se a disciplina dos contratos concluídos no quadro do NRAU, ou seja, os arts. 1106.º e 1107.º CC, NRAU.

BIBLIOGRAFIA

ANDRADE, Manuel
- Teoria Geral da Relação Jurídica, Vol. I (reimp. 1992), Coimbra, 1960

ARAGÃO SEIA, Jorge
- Arrendamento Urbano, 7ª Ed., Rev. e Act., Coimbra, 2003

BALDI, Roberto
- Il contratto di agenzia, 5ª Ed., Milano, 1992

CARNEIRO DA FRADA, Manuel
- "O Regime dos Novos Arrendamentos Urbanos: nótula", O Direito, 2004, II, III, pp. 255 ss.

CASTRO FRAGA, Francisco e GOUVEIA CARVALHO, Cristina
- "As normas transitórias", O Direito, 2005, II, pp. 407 ss.
- "O regime transitório", O Direito, 2004, II, III, pp. 355 ss.

FERREIRA DE ALMEIDA, Carlos
- Contratos, I, 2ª Ed., Coimbra, 2003

GARCIA, Maria Olinda
- Arrendamento para comércio e fins equiparados, Coimbra, 2006

GEMAS, Laurinda, ALBERTINA, Pedroso e JORGE, João Caldeira
- Arrendamento Urbano. Novo regime anotado e legislação complementar, 2006 (2ª reimp.)

GLÓRIA GARCIA, Maria da
- "A utilização dos edifícios habitacionais, a sua conservação e a certificação das condições mínimas de habitabilidade dos edifícios arrendados", O Direito, 2004, II, III, pp. 385 ss.

GRAVATO MORAIS, Fernando
- "Fiador do locatário", Scientia Ivridica, 2007 (em fase de publicação)
- Novo regime do arrendamento comercial, Coimbra, 2006
- Alienação e oneração de estabelecimento comercial, Coimbra, 2005

JANUÁRIO GOMES, Manuel
- Arrendamentos para habitação, Coimbra, 1994
- Arrendamentos comerciais, 2ª Ed. Remodelada (reimp.), Coimbra, 1993

LOBO XAVIER, Rita
- "O Regime dos Novos Arrendamentos Urbanos e a perspectiva do Direito da Família", O Direito, 2004, II, III, pp. 315 ss

MATEUS, Carlos
- "Nulidade do contrato de arrendamento não habitacional (o art. 7.º do RAU)", SI, 2002, pp. 531 ss.

MATOS, Isidro
- Arrendamento e Aluguer. Breve Comentário ao Capítulo IV do Título II do Livro II (arts. 1022.º a 1120.º do Código Civil), Coimbra, 1968

MENEZES CORDEIRO, António
- "O novo regime do arrendamento urbano", O Direito, 2005, II, pp. 317 ss.
- "A modernização do Direito português do arrendamento urbano", O Direito, 2004, II, III, pp. 235 ss.
- Tratado de Direito Civil Português, I, Parte Geral, Tomo I, 2ª Ed., Coimbra, 2000

MENEZES LEITÃO, Luís
- "Primeiras observações sobre as disposições preliminares do Regime dos Novos Arrendamentos Urbanos e sobre os novos artigos 1064.º"', O Direito, 2004, II, III, pp. 263 ss.
- Direito das Obrigações, Vol. III, 2ª Ed., Coimbra, 2004
- Direito das Obrigações, Vol. I, 2ª Ed., Coimbra, 2002

MOTA PINTO, Carlos
- Cessão da posição contratual, Coimbra, 1982
- Direitos Reais (Lições coligidas por Álvaro Moreira e Carlos Fraga), Coimbra, 1971

PAIS DE SOUSA, António
- Anotação ao Regime do Arrendamento Urbano, Lisboa, 1996

PEREIRA COELHO, F. M.
- Arrendamento. Direito substantivo e processual, Coimbra, 1988

PINTO FURTADO, Jorge
- Manual do Arrendamento Urbano, 3ª Ed., Rev. e Act., Coimbra, 2001

PINTO MONTEIRO, João António
- "O Regime Dos Novos Arrendamentos Urbanos sob uma perspectiva de Direito comparado", O Direito, 2004, II, III, pp.pp. 407 ss.

PIRES DE LIMA e ANTUNES VARELA,
- Código Civil Anotado, Vol. III, 2ª Ed., Rev. e Act., 3ª Ed., Rev. e Act., Coimbra, 1986

ROMANO MARTINEZ, Pedro
- Da cessação do contrato, 2ª Ed., Coimbra, 2006
- "Celebração e execução do contrato de arrendamento segundo o Regime dos Novos Arrendamentos Urbanos", O Direito, 2004, II, III, pp. 273 ss.
- Direito das Obrigações. Parte Especial. Contratos, Coimbra, 2000

ROMANO MARTINEZ, Pedro e TAVEIRA DA FONSECA, Ana Maria
– "Da constitucionalidade da alienação forçada de imóveis arrendados por incumprimento, por parte do senhorio, do dever de realização de obras", O Direito, I, 2007, pp. 35 ss.

VOGEL, Louis
– Traité de Droit Commercial (G. Ripert e R. Roblot), T. 1, Vol. 1, 18ª Ed., Paris, 2001, pp. 330 e 331

ÍNDICE GERAL

ABREVIATURAS 7

PLANO 9

CAPÍTULO PRIMEIRO
Arrendamentos do pretérito e a reforma

SECÇÃO PRIMEIRA
O arrendamento habitacional do passado: enquadramento

§ 1. Os modelos do passado 17
§ 2. O vinculismo e as suas facetas 18
    1. O vinculismo de grau máximo no anterior regime 19
        1.1. Prorrogação imperativa do contrato em relação ao senhorio 19
        1.2. Transmissão da posição contratual de arrendatário 20
        1.3. Regimes de renda e actualização da renda 22
            1.3.1. A situação vigente antes do RAU 22
            1.3.2. O quadro posterior ao RAU 23
            1.3.3. Considerações breves 24
        1.4. Restrições impostas ao senhorio no âmbito da cessação do contrato ... 25
        1.5. Outros mecanismos protectores 25
    2. O vinculismo de grau reduzido no anterior regime 26
        2.1. A prorrogação automática (mas não imperativa) do contrato 26
        2.2. Outras hipóteses em que se verifica a diminuição da tutela do arrendatário 27

SECÇÃO SEGUNDA
A reforma e os modelos do direito transitório habitacional

§ 1. A necessidade de uma reforma 29
    1. Considerações gerais 29
    2. A identificação dos problemas 30
    3. Os contornos do regime de transição para a nova disciplina 31

§ 2. Sub-modelos de transição para o novo regime 31
   1. O anteprojecto RNAU 32
   2. O anteprojecto NRAU 33
   3. A versão final 35
      3.1. Arrendamento para habitação 35
      3.2. Arrendamento não habitacional 36
   4. Breve apreciação genérica 37

CAPÍTULO SEGUNDO
Arrendamento habitacional "sem duração limitada"

SECÇÃO PRIMEIRA
Sujeição ao NRAU

§ 1. O significado da sujeição ao NRAU dos contratos do passado 40
   1. A substituição das regras 40
   2. Os efeitos da substituição das regras 40
      2.1. A aplicação das *novas* regras 40
         2.1.1. Os parâmetros da resolução 41
         2.1.2. A denúncia pelo arrendatário 41
         2.1.3. As comunicações entre as partes 41
         2.1.4. A criação de títulos executivos extrajudiciais 42
      2.2. O emprego das normas actuais idênticas às do passado 43
      2.3. A *manutenção* das regras do pretérito 43
   3. O carácter bifronte dos regimes transitórios 43

SECÇÃO SEGUNDA
Regime transitório geral aplicável a qualquer contrato vinculistíco

§ 1. Denúncia do contrato pelo senhorio 46
   1. Denúncia imotivada 46
      1.1. A protecção do arrendatário habitacional 46
      1.2. A transferência entre vivos da posição arrendatícia 47
         1.2.1. A protecção do *cônjuge do arrendatário* 47
         1.2.2. A protecção daquele que vive em união de facto com o arrendatário 48
   2. Denúncia motivada 49
      2.1. Admissibilidade; tipologia 49
      2.2. Denúncia para habitação pelo senhorio ou para habitação dos seus descendentes em 1.º grau 50
         2.2.1. Requisitos da denúncia 50
            a) Substanciais 50
            b) Processual 52
            c) Temporais 52

d) Indemnizatório	52
e) Pós-contratuais	53
2.2.2. Oponibilidade ao exercício do direito de denúncia	55
a) Oponibilidade pelo arrendatário	55
b) Oponibilidade pelo cônjuge arrendatário	57
c) Oponibilidade pelo unido de facto	58
2.2.3. Casos omissos	58
§ 2. Transmissão da posição contratual por morte do arrendatário	59
1. A transmissibilidade como regra	59
1.1. A opção legislativa	59
1.2. A transferência do ponto de vista do arrendatário	60
1.3. Os beneficiários da transmissão	61
1.3.1. A hierarquia em geral	61
1.3.2. A hierarquia em especial	63
a) Cônjuge	63
b) A pessoa que vive em união de facto	65
i) A união de facto	65
ii) O prazo; a residência no locado	65
c) Ascendente	66
d) O filho ou o enteado	67
e) O filho ou o enteado (cont.)	69
1.4. Modos de transmissão	70
1.4.1. Transmissão vertical	70
a) Os critérios	70
b) O problema da prioridade filho/enteado	70
1.4.2. Transmissão horizontal	71
a) O concurso de sujeitos ao mesmo nível	71
b) O problema da prioridade filho/enteado	72
1.4.3. Transmissão sucessiva	72
a) Transmissão entre ascendentes	72
b) Transmissão a favor dos filhos ou dos enteados	73
1.5. O direito dos potenciais transmissários a habitar o locado	74
1.6. A renúncia ulterior do novo arrendatário e o problema da transmissão	74
1.7. Comunicação ao senhorio da transmissão	75
1.7.1. O dever de comunicação	75
1.7.2. A renúncia à transmissão	77
1.7.3. Conflito quanto à pessoa do transmissário	77
1.7.4. A transmissão sucessiva	77
2. Sujeitos excluídos da transmissão	77
3. Consequências da transmissão do arrendamento por morte	78
3.1. Impossibilidade de denúncia imotivada pelo senhorio	78
3.2. Invocação pelo arrendatário de impedimentos à denúncia motivada	79

SECÇÃO TERCEIRA
Regime transitório geral:
os contratos vinculísticos anteriores ao RAU

§ 1. Actualização das rendas	82
1. Âmbito	82
2. Limite máximo da actualização	82
3. Requisitos	83
3.1. Materiais	83
3.1.1. A avaliação fiscal do locado	83
3.1.2. O nível (mínimo) de conservação	84
3.2. Procedimentais	87
3.2.1. Procedimento comum	87
a) Legitimidade activa; as CAM	87
b) Modo de determinação do nível de conservação	87
c) Validade da declaração que determina o nível, o estado e o coeficiente de conservação	89
3.2.2. Procedimento específico	90
3.3. Formais	91
3.4. Os modelos do faseamento diferido	93
3.4.1. Faseamento regra	93
3.4.2. Faseamento curto	94
a) O elevado rendimento do agregado familiar	94
b) Falta de residência permanente	95
3.4.3. Faseamento longo	97
a) O baixo rendimento do agregado familiar	97
b) A idade avançada do arrendatário	97
c) A deficiência grave do inquilino	98
3.5. Respostas do arrendatário	98
3.6. A nova renda resultante da actualização	99
3.6.1. Momento em que é devida	99
a) Regime geral	99
b) Regime especial	100
3.6.2. Actualizações (extraordinárias) subsequentes	101
3.7. O gradualismo na actualização da renda	103
3.7.1. O gradualismo no faseamento regra	103
3.7.2. O gradualismo no faseamento máximo	104
3.7.3. O gradualismo no faseamento curto	105
3.8. Subsídio de renda	105
3.8.1. Pressupostos da concessão	105
3.8.2. Impedimentos à concessão de subsídio	106
3.8.3. Procedimento	108
3.8.4. Montante do subsídio	108
3.9. Alteração das circunstâncias	109
3.9.1. Alteração das circunstâncias do agregado familiar do arrendatário	109

Índice Geral 173

    a) A variação do rendimento do agregado familiar 109
    b) Outras circunstâncias 110
  3.9.2. Alteração das circunstâncias provocada por morte do inquilino .. 111
  3.9.3. Alteração das circunstâncias provocada por transmissão entre vivos da posição arrendatícia 112
  3.9.4. As regras da transição para o novo regime de faseamento 112
  3.10. Direito do arrendatário à realização de obras de conservação 113
§ 2. Compensação por obras realizadas pelo arrendatário 114
 1. Nota introdutória 114
 2. Regime geral 114
  2.1. A cessação do contrato 115
  2.2. A legitimidade activa do arrendatário 115
  2.3. A licitude das obras 116
  2.4. Tipos de obras 117
  2.5. Efeitos 117
 3. Regime especial 118

SECÇÃO QUARTA

Regime transitório especial:
os contratos vinculísticos anteriores ao RAU

I – INICIATIVA DO SENHORIO 121
§ 1. Denúncia para demolição do prédio 121
 1. Âmbito e alcance do direito de denúncia 121
 2. Pressupostos da denúncia 122
  2.1. Material 122
  2.2. Procedimental 123
 3. Direitos do arrendatário 123
  3.1. Direito ao realojamento 124
   3.1.1. Seus termos 124
   3.1.2. O realojamento do ponto de vista do senhorio 126
   3.1.3. A renda e o faseamento aplicável 126
   3.1.4. A morte do arrendatário 127
    a) Caducidade do contrato 127
    b) Obrigação de restituição do imóvel 128
  3.2. Direito a indemnização 129
 4. Trâmites processuais 130
 5. Apreciação crítica 131
§ 2. Obras de remodelação ou de restauro profundos 131
 1. Caracterização 131
 2. O direito de escolha do senhorio como regra; seus desvios 132
  2.1. Suspensão do contrato 133
   2.1.1. Forma e menções essenciais 133
   2.1.2. Resposta do arrendatário 134
   2.1.3. A reocupação do locado no fim das obras 134

2.2. Denúncia para realização de obras de remodelação ou de restauro profundos 135
II – INICIATIVA DO ARRENDATÁRIO 136
§ 1. Realização de obras no locado pelo arrendatário 136
   1. As várias fases conducentes à execução de obras de conservação 136
      1.1. Requisitos *negativos* 136
      1.2. Outros requisitos: a intimação do senhorio para obras 137
      1.3. Os possíveis procedimentos em ordem à realização das obras pelo arrendatário 137
      1.4. O direito de escolha do arrendatário 138
   2. Obras a efectuar pelo arrendatário 139
      2.1. Destinatários, forma e conteúdo da comunicação da intenção de início das obras 139
      2.2. Limitação do âmbito de actuação do arrendatário 139
   3. Obras realizadas pelo arrendatário 140
      3.1. Compensação 140
         3.1.1. Os valores a ter em conta 140
         3.1.2. O período da compensação 141
         3.1.3. Cessação do contrato 141
§ 2. Aquisição do prédio pelo arrendatário 142
   1. Requisitos 142
   2. O exercício do direito de aquisição 143
      2.1. A acção de aquisição 143
         2.1.1. Legitimidade e requisitos 143
         2.1.2. Tramitação 144
         2.1.3. A decisão judicial 145
            a) Transmissão da propriedade 145
            b) Referência aos deveres de reabilitação e de manutenção do prédio 146
      2.2. Deveres e faculdades legais pós-aquisição 147
         2.2.1. Dever de reabilitação do imóvel 147
         2.2.2. Faculdade de realização de obras que visem um estado de conservação superior 147
         2.2.3. Dever de manutenção do imóvel 148
         2.2.4. Transmissão do prédio 149
   3. Direito de reversão do anterior proprietário 149
      3.1. Seus contornos 149
      3.2. Extensão do direito de reversão 150
      3.3. Condições da reaquisição 151
   4. Alcance da aquisição 151
      4.1. A aquisição das fracções autónomas necessárias à realização da obra ... 152
         4.1.1. Condições específicas 152
         4.1.2. Exercício do direito 153
         4.1.3. Outros impedimentos à aquisição pelo arrendatário das outras fracções autónomas 153

Índice Geral 175

4.2. A aquisição da totalidade do prédio não constituído em propriedade horizontal 154
4.3. Aquisição de outras fracções arrendadas 154
4.3.1. Legitimidade passiva 154
4.3.2. Os titulares e os arrendatários das outras fracções 155
4.3.3. Manutenção dos outros arrendamentos e actualização da renda 155
4.4. Direito de preferência dos anteriores proprietários do prédio ou da fracção autónoma 155

CAPÍTULO TERCEIRO
Arrendamento habitacional de duração limitada

§ 1. Regime transitório simplificado 157
§ 2. Sujeição ao NRAU 158
§ 3. *Especificidades* 158
1. Prorrogação automática do contrato 159
2. *Denúncia* por qualquer das partes 159
  2.1. A adequação dos conceitos 159
  2.2. Denúncia pelo arrendatário 161
  2.3. Oposição à prorrogação 161
  2.4. Comunicações 162
3. O prazo do contrato em caso de prorrogação automática 162
4. O fim do prazo da prorrogação 162
5. Transmissão da posição contratual por morte do arrendatário 163

Bibliografia 165

Índice geral 169